基/层/党/建/案/例/丛/书

全国党员教育培训示范基地
华中师范大学培训中心 组编

GAOXIAO JIAOSHI DANGZHIBU
DANGJIAN CHUANGXIN ANLI JINGXUAN

高校教师党支部党建创新案例精选

第二辑

主　编　卢子洲　陈雪玲
副主编　杜　芳　张有良　王国德

华中师范大学出版社

新出图证（鄂）字 10 号

图书在版编目（CIP）数据

高校教师党支部党建创新案例精选. 第二辑/全国党员教育培训示范基地，华中师范大学培训中心组编. —武汉：华中师范大学出版社，2021.11（2024.7 重印）

ISBN 978-7-5622-9523-5

Ⅰ. ①高… Ⅱ. ①全… ②华… Ⅲ. ①中国共产党—高等学校—党支部—工作—案例 Ⅳ. ①D267.6

中国版本图书馆 CIP 数据核字（2021）第 216057 号

高校教师党支部党建创新案例精选（第二辑）

ⓒ 全国党员教育培训示范基地　华中师范大学培训中心　组编

责任编辑：张　华		责任校对：肖　阳	封面设计：胡　灿
编辑室：第一分社		电话：027-67867317	
出版发行：华中师范大学出版社有限责任公司			
社址：湖北省武汉市洪山区珞喻路 152 号		邮编：430079	
电话：027-67863426（发行部）			
网址：http://press.ccnu.edu.cn		电子信箱：press@mail.ccnu.edu.cn	
印刷：湖北新华印务有限公司		督印：刘　敏	
字数：210 千字			
开本：710mm×1000mm　1/16		印张：11	
版次：2021 年 11 月第 1 版		印次：2024 年 7 月第 5 次印刷	
定价：48.00 元			

欢迎上网查询、购书

敬告读者：欢迎举报盗版，请打举报电话 027-67867353

前　言

习近平总书记在党的十九大报告里指出，党支部要担负好直接教育党员、管理党员、监督党员和组织群众、宣传群众、凝聚群众、服务群众的职责，引导广大党员发挥先锋模范作用。坚持"三会一课"制度，推进党的基层组织设置和活动方式创新，加强基层党组织带头人队伍建设，扩大基层党组织覆盖面，着力解决一些基层党组织弱化、虚化、边缘化问题。加强高校教师党支部建设，提升教师党支部的组织力，关键在于抓好党支部书记队伍建设。党支部书记政治强、能力强，党支部的创造力、凝聚力、战斗力就强，党在基层的领导核心地位就坚如磐石。教育部高度重视教师党支部的建设和教师党支部书记的培养、培训，2017年以来，为加强高校教师党支部建设，教育部党组通过出制度、理职责、明要求、建机制、强保障，持续推动教师党支部建设和教师党支部书记"双带头人"培育工程落实落地。

华中师范大学作为第二批全国党员教育培训示范基地，主要对各领域基层党组织书记和党员开展习近平新时代中国特色社会主义思想教育培训，侧重对高校教师及学生党支部书记和党员、中小学教师党支部书记和党员开展党的理论教育，党务工作能力培训，对机关党支部书记和党员开展党的理论教育、形势任务教育。基地按照"实训基地、教创基地、调研基地、合作基地"的功能定位，以服务党和国家事业为导向，以提高培训质量为核心，坚持把牢政治方向，着力打造办学特色，积极完善培训体系，致力于将基地办成学校基层党组织带头人教育培训的全国示范基地。

2018年以来，基地已连续三年承办教育部主办的全国高校教师党支部书记"双带头人"高级研修班。该班每年两期，规格高、要求高、影响大，学员覆盖75所教育部直属高校、14所部省合建高校、14所其他部委属高校及31个省（区、市）和新疆生产建设兵团所属高校。研修培训工作主题鲜明、重点突出、内容丰富、形式多样、聚焦问题、组织严密，研修成效得到了各方面的高度评价。

为了延续研修班的研修成果，基地发挥"双带头人"示范班在基层党建覆盖面广、代表性强的优势，充分用好学员资源，深度挖掘他们在基层党建中的经验做法,跟踪研究他们参训之后对高校基层党建的思路举措,收录组编《高校教师党支部党建创新案例精选》,旨在总结高校教师党支部的实践经验,交流高校基层党建的创新探索,切实推动新时代党建和业务双融合、双促进,不断提升高校党建工作的质量和水平。

目　　录

不忘初心跟党走　牢记使命谱华章

　　——中国地质大学（北京）地球物理与信息技术学院教工第一党支部工作特色案例 …………………………… 李信富　周玉杰　吴海英（1）

发挥光电专业特色　创新基层支部党建

　　——大连理工大学光电工程与仪器科学学院光电工程教工党支部创建工作特色案例 …………………………… 韩秀友　宫振峰　李晓杰（6）

打造大团队创新　推动一流学科建设

　　——东北大学深部金属矿山安全开采教育部重点实验室党支部创建工作特色案例…………………………… 杨成祥　陈天宇　高继开（10）

"12345"打造党建矩阵　筑基铸魂助力学科发展

　　——同济大学建筑与城市规划学院教工第八党支部创建工作特色案例 ………………………………………… 王　敏　肖夏璐　丁雪松（15）

不忘初心夯实专业能力　牢记使命助推学科建设

　　——南京大学信息管理学院情报学教师党支部创建工作特色案例 ……………………………………………………… 颜嘉麒　朱　敏（19）

"四先"引领"6+6"工作法　谱写材料奋进之笔

　　——江南大学化学与材料工程学院材料系党支部创建工作特色案例 …………………………………………………… 施冬健　潘庆伟（23）

一心四箭　经国济民

　　——中国地质大学（武汉）经济管理学院经济学系党支部创建工作特色案例………………………………………………………… 齐　睿（27）

坚持围绕中心抓党建　争做学科建设排头兵

　　——武汉理工大学机电工程学院机械工程系党支部创建工作特色案例 ……………………………………………………………… 宋春生（31）

特色融合 立德树人 教书育人 努力培养高质量专门人才
　　——湖南大学土木工程学院建筑环境与能源应用工程系党支部创建
　　工作特色案例……………………………………………… 龚光彩（36）
学科引领聚才 学术提升育才 文化铸魂励才 团队培养成才
　　——中南大学文学与新闻传播学院教工中文党支部创建工作特色案例
　　………………………………… 龙 丹 常恒畅 叶 烨 袁 帅（41）
"双优双强"促党建 立德树人育精英
　　——电子科技大学机械与电气工程学院可靠性设计及故障诊断技术
　　党支部创建工作特色案例……………………………… 刘 宇（46）
"五抓五育"显成效 立德树人守初心
　　——陕西师范大学体育学院运动人体科学教工党支部创建工作特色
　　案例……………………………… 蔡梦昕 孙宇亮 田振军（50）
推进"三位一体"融合发展
　　——海南大学法学院教工第二党支部创建工作特色案例
　　………………………………………………………… 刘云亮（54）
联动共建增实效 奏响党建新弦歌
　　——中央民族大学马克思主义学院教工第一党支部创建工作特色案例
　　………………………………………… 刘 寒 汤 洁 狄鸿旭（58）
群策群力 发挥才智 推动支部工作创新发展
　　——中南民族大学民族学与社会学学院社会学社会工作教师党支部
　　创建工作特色案例………………………………………… 王振威（63）
发挥主体作用 激发"细胞"活力
　　——西北工业大学航海学院机械与动力工程系党支部创建工作特色
　　案例……………………………………………………… 李代金（67）
红色引领 以"弦"为轨 厚积薄发 箭在弦上
　　——天津音乐学院管弦系教师党支部创建工作特色案例
　　…………………………………………………… 宋 强 郭伟强（71）
发挥高知群体优势 锻造特色党建品牌 以党建提升为"双一流"建设提
　　供有力支撑
　　——河北工程大学信息与电气工程学院教师第一党支部创建工作特色
　　案例………………………………………………………… 吴 迪（75）

牢记使命争模范　教书育人勇担当
　　——内蒙古工业大学材料科学与工程学院材料成型及控制工程系教工党支部创建工作特色案例……………………李国伟　徐俊瑞（79）

厚植党建基础　立德树人铸魂
　　——东北财经大学经济学院教工第二党支部创建工作特色案例
　　………………………………………………………………胡　蓉（83）

提振新时代党员"精气神"　打造高校党支部工作新品牌
　　——长春中医药大学针灸推拿学院科研创新党支部创建工作特色案例
　　…………………………………………李　铁　赵晋莹　马诗棋（88）

传承中华优秀传统文化　培养文化自信时代新人
　　——黑河学院人文传媒学院中文系教师党支部创建工作特色案例
　　………………………………………………………………李　婧（92）

建强最活跃支部细胞　推动中心工作高质量发展
　　——上海大学材料科学与工程学院冶金资源综合利用教工党支部创建工作特色案例………………………………耿淑华　蔡金淋（97）

发挥电商团队优势　谱写党建工作新篇章
　　——浙江财经大学信智学院教工第三党支部创建工作特色案例
　　……………………………………………………………杨水清（101）

"三四五"传帮带　聚"砼"力促发展
　　——浙大宁波理工学院土木建筑工程学院结构与桥梁工程研究所教工党支部创建工作特色案例……………………………毛江鸿（105）

守初心　担使命　重传承　勇创新　党建育人同向同行
　　——安徽中医药大学药学院中药教师党支部创建工作特色案例
　　………………………………杨青山　刘守金　黄伟军　吴达武（109）

务求有力有为有效　提升支部组织战斗力
　　——福建师范大学物理与能源学院能源与材料系党支部创建工作特色案例………………………………………陈水源　钟伟兰（113）

党建引领促发展　业务融合双提升
　　——山东科技大学能源与矿业工程学院矿山灾害预防控制重点实验室党支部创建工作特色案例………………王　刚　王　冬（118）

"六课联动"结硕果 谱写党建新华章
——河南中医药大学马克思主义学院马克思主义中国化研究党支部创建工作特色案例·················· 刘金鸽 曹 猛(122)

不忘初心 求真务实 党建、团建"比翼齐飞"
——湖南理工学院信息科学与工程学院教师第二党支部创建工作特色案例·················· 涂 兵(127)

聚焦品牌建设 打造特色双融双促党建之路
——暨南大学马克思主义学院第四党支部创建工作特色案例·················· 张龙平(132)

筑牢立德树人堡垒 当好课程育人先锋
——华南农业大学数学与信息学院应用数学教工党支部创建工作特色案例·················· 曹 静(136)

强党建引领 助创新发展
——河池学院人工智能与制造学院第二党支部创建工作特色案例·················· 何奇文(140)

"四个围绕"抓基层党建 "四个注重"显特色亮点
——华中师范大学培训中心第四党支部创建工作特色案例·················· 陈雪玲 王国德 欧阳红(145)

传承师者匠心 讲好琼崖红色故事 助力自贸港建设
——海南师范大学化学与化工学院教工第二党支部创建工作特色案例·················· 陈文豪 孙元元 颜慧琼 周学明(149)

党建引领党员示范 推进四强化聚四力
——重庆三峡医药高等专科学校公共卫生与管理学院直属党支部创建工作特色案例·················· 杨柳清(153)

立足新时代 镌刻新蓝图
——四川美术学院造型艺术学院版画系教师党支部创建工作特色案例·················· 付继红(158)

"奔跑吧,高数!" 创新党建交流
——四川师范大学数学科学学院教工第二党支部创建工作特色案例·················· 唐 孝 屈加文(162)

不忘初心跟党走　牢记使命谱华章
——中国地质大学（北京）地球物理与信息技术学院教工第一党支部工作特色案例

李信富　周玉杰　吴海英

一、支部简介

中国地质大学（北京）地球物理与信息技术学院教工第一党支部始终秉承党建与业务双融双促同频共振的理念，以全国党建工作样板支部培育创建为契机，将党建工作与核心业务工作有机融合，校内课程教学与野外实践课程相结合，开辟多元阵地，加强思想引领，形成了"纵横联合、内外联动"的党建工作新格局，在学校人才培养过程中很好地发挥了样板支部的示范引领和辐射带动作用。支部始终坚持党建引领，围绕中心工作，把党的政治建设摆在首位，严格做到"七个有力"，高质量完成样板党支部创建，树立了基层党建工作新标杆，使"样板支部"旗帜高高飘扬。

支部现有党员16名，15人具有博士学位，6人具有教授职称，7人具有副教授（副高）职称。支部于2018年7月被评为中国地质大学（北京）党建工作样板支部，同年12月获批首批全国党建工作样板支部培育创建单位。2020年支部被评为北京市先进党组织。在学校党委领导下，在党委组织部和宣传部等相关部门指导下，按照学院党委统一部署，坚持以政治建设为统领，以提升党建质量为动力，以提升组织力为重点，以推动工作落实落地为落脚点，按计划、分步骤稳妥推进基层党支部建设"七个有力"标准，于2021年1月通过全国党建工作样板支部创建验收。

二、特色经验

（一）规范标准，政治引领，做基层党建工作的标兵

支部坚持把党的政治建设摆在首位，与党中央保持高度一致，加强和规范党内政治生活，研究并制定党风廉政建设制度等规章制度二十项，使得党建工作有章可循，也使得党的政治建设和组织活动质量有了明显提

升。政治建设是一个支部建设的灵魂，而规范化和标准化是政治建设的保障，支部在换届选举、支委设置、理论学习、党建活动、党员教育、计划总结、党费收缴及联系群众8个方面狠抓规范化和标准化建设，规范、优化党支部书记和支委配备，支部书记符合"双带头人"要求。支部重视基层党建创新和思想政治工作研究，近两年先后完成学校党建工作创新项目两项；严格执行"三会一课"制度，并创新"三会一课"新形式，以增强党建工作的吸引力和成效；围绕学院中心工作，以"十三五"规划和"双一流"建设为契机，以"两学一做"教育实践活动常态化为抓手，推动支部党建和思想政治工作向更高层次发展。支部切实贯彻落实系务会制度，支部书记与系主任默契配合，党建与学科建设及学术发展紧密结合，积极培育学科带头人和学术团队，引导学术研究主动对接国家发展战略，保障了地球物理系的整体合力发挥。支部严把招生录取、人才引进思想政治关。在党中央、校党委及学院党委的领导下，牢记党的宗旨，凝心聚力，坚守"为党育人，为国育才"的初心和使命，培养了一批批的优秀人才。支部党员还重视发挥在教学、科研、学术交流等方面的优势，与用人单位建立了良好关系，认真做好毕业生推荐、就业指导和帮扶工作，对学生的就业发挥了重要作用。

（二）坚守初心，践行使命，做教书育人工作的尖兵

支部严格落实教授"传帮带"责任，极大地提高了年轻教师的教学水平和人才培养质量；坚守"为党育人，为国育才"的初心和使命，充分发挥了支部的先锋模范作用。近五年来，支部党员共获得各类国家级及省部级科研项目两百多项，发表高水平科研论文一百多篇。多位党员获得了国家自然科学二等奖、中国地质科技银锤奖、本科教学优秀奖、"五四奖章"、傅承义地球物理青年科技奖、刘光鼎地球物理青年科技奖、"教育部新世纪优秀人才支持计划"人选、国家自然科学基金优秀青年基金、北京市师德先锋、学校优秀共产党员、优秀党务工作者、就业工作先进个人等重要奖项和荣誉。

支部党员李红谊出生在气候湿润的湖南，她长期坚持带学生在青海、祁连山等高海拔地区开展野外工作，不仅要忍受崎岖陡峭的山路带来的疲惫，更要忍受长时间被强烈的紫外线照射造成的皮肤损害。长此以往，李红谊患上了严重的日光性皮炎，太阳稍强，她的脖子就会红肿起泡，奇痒无比。面对医生和家人"不要参加野外工作"的建议，李红谊依然坚持带学生去野外实践学习。在中国地质大学（北京）地球物理与信息技术学院

教工第一党支部，像李红谊这样的党员还有很多，他们都用自己的实际行动坚守着初心，践行着使命。

师者，传道授业解惑也。古往今来，教师是人类灵魂的工程师，是学生人生道路的照明灯。支部要求党员不仅在教学与科研上做学生的好老师，还要善于做学生思想工作，为年轻人的发展指引方向。

2012级本科生陆某，原本性格开朗，但进校后不久却突然变得性格孤僻，学习成绩直线下降。当时担任该生班主任的支部党员李信富在获悉后，第一时间向学院领导汇报，并立刻展开走访调查，逐渐发现了该生心理问题的根源。原来陆某认为学习成绩一直比自己好的姐姐在高考时由于发挥失常没能考上一本，而自己被我校录取，为此，她总是很自责，认为自己对不起姐姐，从而导致自己日益厌学，并逐渐变得性格孤僻自闭。掌握情况后，李信富及时与陆某的家长联系沟通，在征得家长同意后，联系学校心理咨询中心的老师对陆某进行心理疏导，帮助她融入集体。这期间陆某思想曾出现过较大波动，李信富在征得家长同意后，联系北京大学第六医院对陆某进行了住院治疗，同时安排班干部轮流值班陪伴，并将老师上课的内容和布置的作业转达给她。最终在大家的关怀下，在医生的耐心疏导下，陆某逐渐振作了起来，并顺利考取了本校的研究生，跟着李信富做科研工作。最终陆某顺利完成了研究生学业，并在上海找到了自己理想的工作。

近年来，支部积极探索有效方式，以课堂为阵地开展课程思政工作，以专业课实践教学、野外实习、创新创业实践等为契机，开展了对学生的思政教育和价值观塑造。为引导学业困难的学生，支部开展"1+n帮扶工程"活动，每名党员负责几名学生，不定期沟通交流，给学生做思想工作与功课指导，引导学生养成积极主动与努力学习的习惯。支部积极围绕学风建设抓党建，作为本科生班主任的支部党员姚硕老师，牺牲晚上休息时间带领学生上晚自习，联系任课教师为学生答疑解惑，经过两个学期的坚持，整个班级彻底消灭了补考，极大地促进了班风和学风建设，整体提升了学生的成绩，起到了很好的示范引领作用。

支部党员永葆服务心，防震减灾活动成效显著。支部召集专业教师开设了学院路教学共同体校际公选课"地震与地震灾害"。在北京市教委和学校教务处的领导下，开展"地震与地震灾害"视频公开课的制作。另外，支部先后在北京语言大学幼儿园、中国地质大学附属中学、海淀区第三实验小学、清华大学附属小学及国家发改委机关幼儿园开展地震灾害科

普讲座，从小培养孩子们的防震减灾意识。党支部教师还作为学生暑期社会实践指导教师，指导学生赴西部灾害频发地区开展以防震减灾为主题的社会实践，所指导的社会实践团队曾获"北京市优秀社会实践团"荣誉称号。

（三）众志成城，共克时艰，做疫情期间教学工作的卫兵

2020年春节以来，突如其来的新冠病毒感染的肺炎疫情蔓延开来，在抗击疫情的过程中，支部贯彻"停课不停教不停学"的要求，号召全系教师齐心协力，有效进行疫情防控时期的教学活动。在支部的带领下，地球物理系全体教师充分发挥在线教学的优势，借助多种教学手段，努力做到由教师"灌输"知识向学生"吸取"知识转变。支部还密切关注每个学生的诉求，并及时帮助学生解决困难，每位党员教师都参与到与学生的沟通交流中。大三的李茜和朱邓达同学说："很早以前就相信网上教学会成为未来的一种教学模式，可是没想到这种学习方式会在这样的情况下与师生见面。老师们为了线上教学辛苦地做着各方面的准备，对于新的教学模式我们如何适应，老师们是煞费苦心，保证了我们收到好的学习效果。"

三、深入思考

2021年1月27日，教育部公布首批全国党建工作样板支部培育创建单位验收通过名单，中国地质大学（北京）地球物理与信息技术学院教工第一党支部顺利通过验收。在庆祝中国共产党诞辰一百年之际，总结过去，展望未来，构建样板党支部辐射带动作用的长效机制，锤炼样板党支部提质增效的政治功能具有非常重要的意义。

一切过往皆为序章，光辉未来乘风破浪。中国地质大学（北京）地球物理与信息技术学院教工第一党支部将以样板支部建设经验为引领，进一步巩固深化"不忘初心，牢记使命"主题教育成效，切实发挥基层党组织的辐射带动作用，持续推动基层党组织全面进步、全面过硬、全面提升、全面优化，确保基层党建有虚有实、有棱有角、有情有义、有滋有味，努力开创高校基层党建工作新局面。

（一）党建与业务深度融合是党建工作的灵魂和根基

党的建设必须以政治建设为统领，做到旗帜鲜明讲政治，持续围绕"学科、学术、学者、学生、学风"抓好党建，使党建工作为学科发展、学术研究、学者成长、人才培养、学风优良提供方向指引和服务，推进基

层党建、教学、科研、人才培养等工作协同开展，齐头并进。只有坚持以党的政治建设为统领，党建工作才有高度，业务工作才有力度，党群工作才有温度。

（二）建章立制是加强基层党建工作的长久保障

按照新时代党的建设总要求，学院党委注重顶层设计，支部深入研究基层党建工作面临的新情况、新问题，研究制定了20余项基层党建制度。支部党建工作方向明确、思路清晰、措施实在、风气纯正。学院层面加强引导、支部层面强化执行、党员师生共同参与，这是样板党支部顺利通过验收的动力源泉和坚强后盾。

（三）多措并举独辟蹊径是基层党建凝练品牌的重要途径

支部党建活动必须多措并举，独辟蹊径，在做好"规定动作"的同时，创新多种"自选动作"，逐步摸索出一条党建活动创新形式，以此凝练品牌，树立形象。党支部结合学生暑期野外实习工作开展主题党日活动，重温入党誓词；围绕地震科普宣传社会服务工作，把主题党日活动搬进中小学及幼儿园，为中小学生及幼儿园小朋友开展防震减灾科普讲座等，这些新形式的实践，是党建推陈出新的重要途径。党支部利用这一载体，加强和规范党内政治生活，丰富"两学一做"学习教育常态化制度化形式，增进党员之间的了解，增强党员党性意识和组织观念，提高党组织的创造力、凝聚力、战斗力。

发挥光电专业特色　创新基层支部党建
——大连理工大学光电工程与仪器科学学院光电工程教工党支部创建工作特色案例

韩秀友　宫振峰　李晓杰

一、支部简介

大连理工大学光电工程与仪器科学学院光电工程教工党支部于2017年光电工程与仪器科学学院成立之际组建，目前共有正式党员11名，均为一线教师，高级职称的比例为72%，担任公共职务的比例为80%，讲授专题党课的比例为50%，全力打造业务素质和政治素质过硬的德才兼备、又红又专的人才。支部成员以80后、90后为主，平均年龄35岁。支委会由4人组成：支部书记韩秀友（教授）、副书记武震林（副教授）、宣传委员陈珂（副教授）和组织委员宫振峰（讲师）。在支部书记韩秀友的带领下，光电工程教工党支部在教学科研、党建等工作中表现突出，打造了"光仪青年"党建品牌，充分发挥"七个有力"作用，为各项事业发展提供坚强保障。

近年来，在支部书记韩秀友的带领下，支部始终将强化支部政治功能、抓好党建主责主业、提升思政工作质量、促进学校事业发展、加强支部班子建设作为目标，并于2019年获评大连理工大学首批"双带头人书记工作室"。在创建"双带头人书记工作室"的过程中，支部队伍中党建和业务双融合、双促进的中坚骨干力量不断涌现，支部推动学校事业发展的战斗堡垒作用不断突出。

二、特色经验

（一）聚焦发挥政治引领作用

支部坚持把政治建设摆在首位，将政治引领、政治吸纳、政治把关、政治锻炼贯穿始终。支部在"三会一课"制度的基础上，引导支部成员关心政治、关心国家和学校的发展；与学校教务处、人事处等部门开展支部共建活动，深入学习新时代高校教师职业行为准则，从"选""评""聘"等环节落实政治条件和师德要求，引导教师将自身发展与国家复兴结合在一起。在支部书记韩秀友的引领下，支部成员瞄准国家重大需求和国际学科前沿，开展科研攻关和技术应用转化，取得良好成效。在教师发展的关键阶段和关键节点实现政治引领"精准滴灌"，通过支部组织化建设、支部内教授团队的协力支持，助力教师跨越事业关键节点，增强其对党组织的共情和认同。

近三年来，支部成员韩秀友入选辽宁省科技创新领军人才和辽宁省高校创新人才支持计划，梅亮入选辽宁省"百千万人才工程"，陈珂入选大连市青年科技之星计划，海外优秀青年学者李大卫特聘研究员入职大连理工大学，支部的政治引领和政治吸纳成效显著。

（二）聚焦创新基层党建活动

在模范落实"三会一课"等制度的基础上，支部将"有用和有趣"深度融合，重点打造了"光仪青年"党建品牌。支部发起并举办学校首个校际教工党支部共建暨光电专业教学与学术研讨会，2018年11月与华中科技大学光电子器件与集成教工党支部共建，共同探讨高校基层党支部建设，分享党建经验，研讨光电专业教学与科研。2020年12月，支部与教务处党支部开展"1＋1"共建活动，邀请"中国天眼"-FAST台址与观测基地系统总工程师朱博勤来校做"FAST望远镜简介"报告，让学生感受大国重器精神，激发学生的爱国精神和报国情怀。

2019年12月，支部举办"光仪青年午餐会"，以AA制、刷饭卡的形式边集体午餐，边围绕"使命担当、家国情怀、科学精神"进行交流讨论等。支部借鉴电视节目《演说家》组织开展"光仪青年说"系列分享会，首期由韩秀友教授以"学习南仁东精神，增强使命担当意识"为题，分享其在"中国天眼"-FAST基地的科研经历和感悟；借鉴电视节目《诗词大会》组织"光仪青年学习大会"，生动学习"四史"；组织观看电影《我和我的祖国》等；参观习近平新时代中国特色社会主义思想情景教室。从"要我参加"到"我要参加"，支部在主题教育、疫情防控等重大任务中表现突出，相关工作被全国高校思政工作网、辽宁高校党建网报道，"光仪青年"获辽宁省基层党建创新案例二等奖。

（三）聚焦人才培养根本任务

支部教师将立德树人作为根本任务，将爱国主义教育和红色基因写入

光电专业培养方案,注重在课堂上对学生进行思想引领。支部成员黄火林牵头对接新加坡国立大学,召开多次洽谈会,顺利促成了与新加坡国立大学"3+1+1"联合培养学生项目;韩秀友联系与大恒光电打造人才培养实践教学基地,与企业开展深度合作,瞄准市场需求,精准培养高素质人才。

支部教师重视本科生教学与专业建设工作。韩秀友负责的"光波导技术"和梅亮负责的"光谱学与光谱技术"入选辽宁省一流本科专业课程,武震林获得大连理工大学教学质量优秀奖(全校每年仅10人),梅亮获得大连理工大学青年教师讲课大赛一等奖。支部教师注重培养学生的创新实践能力,韩秀友、陶鹏程、梅亮、陈珂等支部成员作为指导教师多次带领学生参加全国大学生光电设计竞赛等赛事,获得国家二等奖、三等奖多项,大连理工大学多次获得优秀组织奖。

支部成员育人成果显著:王硕的硕士学位论文(导师韩秀友)获评辽宁省优秀硕士学位论文,孔政(导师梅亮)获评研究生学术之星(全校仅10人),刘富庆(导师孙长森)参与家乡疫情防控被学校官微报道。在毕业生中,留学归国的宫振峰博士毕业后到母校任教,成为支部组织委员,并入选大连理工大学"星海骨干"。

(四)聚焦促进学校发展

支部引导成员多渠道参与考核标准、科研分配等重大事务决策,促进学校发展。支部组织成员参与招生宣传、校际支部共建、思想政治培训等,有计划地推荐政治坚定、业务精湛、群众认可的支部骨干担任学院中层干部、机关挂职干部、党支部书记和委员等,从发现、选拔、培养、输送全过程搭建人才施展才能的舞台,全方位支持优秀人才脱颖而出,为一流大学建设提供坚强保障。目前,支部中已产生机关(国际合作交流处、学科建设办公室)挂职副处长2人、系所负责人3人、本科生班主任4人。在科研方面,支部书记韩秀友作为辽宁省先进光电子技术重点实验室副主任,带领支部相关学科领域成员发挥光电专业优势,圆满完成了"十二五""十三五"国家级研究项目多项,其中微波光子射频信号监测系统成功应用于"中国天眼"-FAST,为国家大科学装置稳定运行提供有力保障。在支部成员的努力下,2019年学院人均科研进款在全校独立学院中(人数在150以下,全校共16个)名列第3;2020年学院科研总经费进款3079万元,与2019年相比增长76%。

三、深入思考

作为大连理工大学的"双带头人"样板党支部,支部深刻知道凝练和形成可复制、可推广、可转化的"双带头人"工作室体制机制至关重要,未来将会努力把大连理工大学光电工程教工党支部创建成为校内一流、省内标杆、国内领先的"双带头人"教师党支部书记工作室,引领带动党建质量提升和各项事业发展,以扎实的工作成效向中国共产党成立100周年献礼。

(一) 以为党育人、为国育才为中心

"双带头人"教师党支部始终以培养中国特色社会主义建设者和接班人为目标,引领党员和全体教师围绕为党育人、为国育才这一中心任务开展教学与科研工作,确保党支部工作方向正确,对标对表认真统筹,确保培养目标落地、落实、落细。

(二) 教育教学与党建工作深度融合

一要思想上融合,要始终树牢"以学生为中心""以教师为主体"的工作理念,通盘工作不忘党的建设,落实任务不忘思想保障,攻坚克难不忘作用发挥;二要过程中融合,要深知党建工作的核心要义是推动和保障教育教学工作顺利开展,只有高度的政治站位、高超的业务能力才能实现二者有机融合;三要机制上融合,"围绕中心抓党建,抓好党建促发展",确保形成良好的业务与党建融合的长效工作机制。

(三) 加大保障力度,助力教师职业发展

完善制度保障,建立教师党支部书记参与讨论决定重要事项机制。搭建党员教师常态化交流平台,增强"双带头人"工作室的辐射力度。依托支部建设打通发展渠道,在课堂教学、科研立项、晋职晋级、海外研修等方面为教师提供条件,拓宽学术研究和职业发展的通道。

打造大团队创新 推动一流学科建设
——东北大学深部金属矿山安全开采教育部重点实验室党支部创建工作特色案例

杨成祥 陈天宇 高继开

一、支部简介

东北大学深部金属矿山安全开采教育部重点实验室党支部坚持以党建工作深度融入教书育人、推进科研创新为重点，以党建聚力量，打造大团队创新，以党建促发展，推动一流学科建设。在全国党建工作样板支部培育创建工作的契机下，科研创新、教书育人、厚植文化三个主线脉络交叉融合，有力加强了党支部战斗堡垒建设。支部形成了实验室主任、院士带头上党课，人人讲思政的课程思政教研体系；形成了不惧艰险，深入一线，保障川藏线安全施工的"岩爆-大变形"攻关堡垒；形成了从零到一，自主创新的"深部岩石力学真三轴测试技术与装备"科研平台；形成了团结友爱，本硕博"传帮带"的贯通培养机制；形成了传承"五四煤"精神、"到祖国需要的地方去"的文化底蕴。不忘初心，以党建为引领，赋予团队教书育人的深深情怀；牢记使命，以党建为抓手，赋予团队攻坚克难的源源不绝的力量。

支部现有成员61名，其中，博士30人（含进站博士后4人），教授8人，副教授6人，讲师11人。支部荣获辽宁省先进党组织、东北大学特色党支部、东北大学先进工会小组、东北大学青年文明号、东北大学"三育人"立项活动优秀工会小组、东北大学青年文明号等称号，被推荐申报新时代高校党建"双创"工作全国党建工作样板支部、高校"双带头人"教师党支部书记工作室。

支部积极响应习近平总书记"向地球深部进军"的号召，贯彻东北大学"围绕中心抓党建，抓好党建促发展"的党建工作原则，确定了支部工作一切围绕党建和发展开展的思路。通过规范化建设和特色活动，塑形铸魂，打造大团队创新模式，充分发挥组织凝聚力和战斗堡垒作用，争先创优，推动实验室高质量发展，支部在实验室平台建设、科研创新、人才培养等方面做出了突出贡献，有力推动了一流学科建设。

二、特色经验

（一）不断增强组织凝聚力——汇聚人才，凝练大团队

支部党员模范典型，实验室主任、中国工程院院士冯夏庭教授带头讲党课，带领大家学习习近平新时代中国特色社会主义思想、伟大抗疫精神、华为在逆境中的底气和骨气，传承老一辈东大采矿人"五四煤"精神，凝心聚力，树牢新时代实验室人"建一流采矿学科，向地球深部进军"的初心使命。团队从"立方向、育人才、建团队、研平台、找项目、寻合作、解难题、出成果、定制度"等方面展开头脑风暴式的常态化解放思想大讨论，从顶层设计了多学科交叉、分工协作、团结创新的内涵式发展模式，来自计算机、机械、自动控制等领域的科研人员主动要求加入，凝练出"深部油气资源开发与储存""城市地下空间开发""深层地热安全高效开采及灾害感知与控制"新的研究方向，吸引了不少国内优秀青年学者投身沈阳这个城市的振兴，还吸引了包括法国里尔大学特聘教授、国际岩石力学与岩石工程学会主席等在内的国际知名学者加入。近两年团队新增中国工程院院士1名，国家优秀科学基金获得者1人，青年长江学者1人，有5人次入选省级高级人才。

（二）深耕厚植实验室创新文化——自主创新，引领发展

"人无我有、人有我精"，支部在冯夏庭院士的带领下，主抓原创性研究，围绕国家深地、深空战略，以实验装备自主研发为抓手，由党员牵头组建研发小组，攻克各类技术难题数十个，成功研制出国际领先的系列岩石真三轴试验装置和岩爆智能微震监测系统9台（套），获批国家发明专利30余项，美国专利5项，建立国际试验标准2项；吸引了来自瑞典、挪威、加拿大、澳大利亚、土耳其等10多个国家岩石力学研究水平处于世界先进行列的科研机构的30多位学者到实验室寻求合作。为了建设国际一流实验室，支部党员身先士卒，克服重重困难，保障设备研发工作顺利开展。实验室建立之初，房屋老旧，不具备重大精密科研仪器进驻条件，支部党员带头承担基础建设任务，为设备及时到位调试争取时间。实验室初步建成后，各类仪器刚刚安装与调试完，为了配合学校建设需求，实验室一收到搬迁指示，仅用10天时间就完成了20余台设备，总计

1000余吨的大型设备和精密设备的拆装与安置工作。完成搬迁后，团队又夜以继日地开展设备调试工作，一个月内实现了所有大型科研设备的正常运转。

（三）不断提高党支部战斗力——破解重大工程技术难题

"将论文写入地球深部"，党员带头长期扎根工程建设一线，建立机动式学习和攻关小组，形成坚强有力的战斗堡垒。在埋深1000多米的深部采场，温度高，湿度大，稍微一动就汗如雨下，如此艰苦的工作环境，支部成员带头，一下去就是一整天，连续数十天与工人们吃住在一起，研发出新型安全高效的采矿方法，在我国典型深部金矿示范，取得重大经济效益。如山东归来庄金矿境界矿柱回收率由60%提高到95%，山东黄金集团焦家、三山岛金矿生产能力分别提高了4.7倍及4.2倍，而直接成本分别降低了10%和25%。巴玉隧道是川藏铁路拉萨至林芝段的控制性工程，平均海拔在3500米，是世界上首座高原上的重度岩爆隧道，缺氧严重，岩爆问题突出，施工难度极大，施工风险高，使人产生畏惧心理，作业队伍更换7次。攻关小组从研发设备、揭示机理，到软件开发并现场长期连续监测，采用先进的岩爆监测预警和控制方案，为隧道装上岩爆预警"听诊器"，通过这一系列工作，保障了施工安全和施工队伍稳定，使开挖速度提高20%以上。

（四）着力提升本科生质量——培养新时代新工科人才

"教师立德树人，学生立德成才。"实验室主任冯夏庭院士带头开展课程思政建设，邀请国家最高科学技术奖获得者和国际著名专家等对团队进行职业素养教育，确保人才培养以德为先；面对矿业发展绿色、深部、智能化、国际化新需求，带头探索传统采矿工程专业的改造升级，作为教改项目负责人，获批并完成了教育部办公厅首批"新工科"教改项目，验收结果被评定为优秀；主讲的"矿山岩体力学"课程获批国家首批一流本科课程建设，带领团队梳理并从顶层设计规划了11门本科课程建设与系列教材更新建设方案。实验室副主任作为"材料力学"课程团队的主要成员之一，推动该课程获评教育部授予的国家精品在线开放课程（中国大学慕课）。同时，支部着力加强本科生创新实践能力培养，建立大学生创新基地2个，创办加拿大国际实习基地；建立了本科生走进实验室、本－硕－博贯通与传帮带培养机制；自主设立本科生科研创新项目20余项，参与本科生50余人。培养的学生获全国"TBM掘进参数数据分享与机器学习"竞赛一等奖、全高等学校采矿工程专业学生实践作品大赛一等奖、全国大学生课外学术科技作品竞赛二等奖等多项奖项。

疫情期间,支部全体教工党员于2020年1月30日前自发返回工作岗位,"学习逆行者,做好坚守者",及时部署疫情防控、学生管理、线上日常工作等,立足自身岗位,"夯本领,召必战,战必胜",保证了实验室工作的有序进行,经受住了考验。支部作为基层党建先进典型在东北大学庆祝建党98周年表彰大会暨"讲述·东大人的故事"典型推介会上向全校宣传,还在全国高校教师党支部书记"双带头人"高级研修班上向来自全国百所高校的百名党支部书记学员分享工作探索与实践经验。

三、深入思考

2021年1月27日,教育部公布首批全国党建工作样板支部培育创建单位验收通过名单,东北大学深部金属矿山安全开采教育部重点实验室党支部通过验收。2021年是中国共产党诞辰百年,百年来中国共产党从小到大,由弱变强,支部深切感受到党建工作所蕴含的力量,每每在重大科研攻关的瓶颈,正是这样一种力量在激励大家寻求突破!作为工作在教育一线的党支部,把这种力量传递给青年一代是一种责任和使命。同时支部愈加意识到加强党的建设,基层党建规范化、科学化建设与中心工作深度融合的重要性与迫切性。

(一) 规范化建设与实验室工作深度融合

加强党的教育,强化党的思想引领作用是实验室在面向国家战略,加快科研创新过程中攻坚克难的制胜法宝。支部党建工作必须与时俱进、开拓进取,围绕"组织健全、制度完善、运行规范、活动经常、档案齐备、作用突出"的工作目标,持续加强支部"科学化、规范化、制度化"建设,积极发挥党组织凝聚力和党员模范带头作用,使支部工作进入良性循环轨道。

(二) 加强思想政治引领新工科建设

以新经济形势、国际专业技术发展、现代人才需求为导向,改造传统工程专业培养目标和课程结构体系,培养具有健康职业精神、良好科学素养、工程哲学思维,运用与前沿技术相融合的现代专业理论、实践,适应国际发展的卓越的工程专业人才,借以推动高新技术发展。深入挖掘提炼学科专业课程中的"思政元素",在专业课程学习中强调理论与实践紧密结合的辩证思维和哲学观,融入凝练的实验室特色文化品牌。

(三)以新时代学科发展新内涵为引,追梦学科复兴

深挖学科和专业底蕴,以老一辈学者为学科发展不断开拓进取的精神为魂,以学科发展新时代的新内涵为引,深入探讨新时期学科和专业发展规律、人才培养规律,建立和完善研究生全过程培养制度及青年人才培养制度,持续凝练和完善以"团结奋进,大团队创新"为主题的积极向上的实验室文化品牌,结合实验室发展规划,追梦学科复兴,建设"国际一流科研机构和顶尖人才培育中心"。

行者无疆,臻于至善。支部将一如既往,立足规范化建设,发挥引领示范作用,团结带领全体成员,为我国深地事业的发展贡献力量。

"12345"打造党建矩阵 筑基铸魂助力学科发展
——同济大学建筑与城市规划学院教工第八党支部创建工作特色案例

王 敏 肖夏璐 丁雪松

一、支部简介

同济大学建筑与城市规划学院教工第八党支部是成立于景观学系/风景园林学一级学科下的专任教师党支部。支部深入学习贯彻习近平新时代中国特色社会主义思想,以学科"双一流建设"为契机,扎实推进全国党建工作样板支部培育创建和上海高校"双带头人"教工党支部书记工作室建设。支部围绕夯实党建基础、传承红色基因、培养卓越人才等工作任务,明确"筑基、铸魂、助力"三大抓手,通过"12345"顶层设计打造党建矩阵,形成"政治建设一以贯之、守正创新双轮驱动、同频共振三个先锋、学思践悟四环相扣、纵深推进五步同构"的整体工作思路与方法路径,以党建引领助力学科发展。

支部现有成员24名,占景观学系教工总数的80%;其中,博士23人,有副高以上职称的15人。支部曾获上海市党支部建设示范点、上海高校党组织"攀登计划"样板支部、上海市教卫党委先进基层党组织、同济大学示范党支部、同济大学先进基层党组织等荣誉称号。

同济大学是首批全国党建工作示范高校,同济大学建筑与城市规划学院是首批全国党建工作标杆院系。支部于2019年12月获批第二批全国党建工作样板支部培育创建单位,在学校、学院党委的有力领导下,坚持把政治建设作为根本性工作,创新工作模式、创立党建品牌、创先育人逻辑,对标争先,凝心聚力,示范引领,切实做到"七个有力"。

二、特色经验

(一) 规范化,特色化,系统思维构建支部党建大格局

支部不断加强和改进思想建设、组织建设和作风建设,深度激活本学

科的人才优势和专业特色，切实推动基层党建和学科发展深度融合，探索高校基层党建规范化工作思路和特色化推进框架，系统布局"五步同构"工作模式。一是政治引领，筑基固本。落实"双带头人"教师党支部书记培育机制，支部书记参加学科委员会、专业委员会，担任副系主任，围绕中心工作确保并带领全系党员群众以"四个意识"为政治标杆，贯彻落实党的教育方针，守好意识形态阵地，充分发挥党组织的政治核心作用。二是聚沙成塔，凝心聚力。线上、线下结合，建立党员日常交流管理平台，完善支委扩大会议工作机制，坚持人文关怀与纪律约束并举，在工作中凝聚人心，强化支部的战斗堡垒作用。本学科在国内长期处于领先水平，第四轮学科评估结果为 A-（并列第三）；2017 年获评"双一流"学科，入选上海市高峰计划；2019 年获评首批"双万计划"专业。三是争先创优，模范先锋。高质高效运作"育人号"，利用好网络阵地展示支部风采，宣传表彰支部党员的先进事迹。近三年来，支部成员获得全国"五好家庭""最美家庭"、上海市三八红旗手、同济大学三八红旗手、优秀共产党员、"名课优师"等多项荣誉称号。四是牵手社区，联学共建。支部充分发挥自身专业优势，与上海市五角场创智坊社区党支部结对共建，带领景观学系师生携手践行"以党建为引领、以社区花园建设为抓手、以专业性社会服务为支撑"的社会治理创新模式，长期开展"微公益助力社区微更新"志愿者活动。作为"人民城市"的典型案例，该系列微公益活动影响社区家庭万余户，受到央视新闻频道、中文国际频道、上海电视台、《新华每日电讯》《文汇报》《解放日报》《新民晚报》《南方周末》《北京青年报》、一席等多家媒体报道。五是凸显特色，深耕铸魂。2018 年至今，支部以"凸显学科特色"为抓手打造高校基层党建品牌，深耕"先锋"系列主题党日活动。迄今 18 次特色活动聚焦立德树人，聚焦服务国家战略，加强教书育人融入国家战略的使命感和责任感，加强学科发展服务社会需求的价值引领和智慧输出，真正将"两学一做""学做结合"落到实处，取得实效。

（二）守初心，担使命，特色党建推进主题教育常态化

支部将"不忘初心，牢记使命"主题教育的总要求融入"三先锋"系列特色党建，精心谋划，创新主题党日活动，因时因势打好各项工作组合拳，推进主题教育常态化。一是先锋论园，立德树人。支部每年举行 2 次以上"教书育人"主题讨论会，就学科发展、教育报国、人才培养、教学改革等进行探讨交流，近两年培养上海市优秀毕业生 9 人。常年坚持党建

带学建、党建带团建,同济大学景观学系研究生党支部获评全国高校百个研究生样板党支部,风景园林 2017 级 1 班团支部获评上海市五四红旗团支部。二是先锋建园,使命担当。2019 年支部成功举办"栉风沐雨七十载,薪火相传景观魂"——献礼新中国成立 70 周年红色景观规划设计项目展,50 多个红色景观项目覆盖全国 16 个省、市、区,包括浙江嘉兴南湖风景名胜区、陕西延安保卫战景区、江西瑞金建政大业景区、贵州遵义习水四渡赤水景区、武汉市中山舰爱国主义教育基地、上海黄浦公园人民英雄纪念碑等,集中体现了同济景观人为我国红色文化传承、革命遗产保护和老区脱贫发展做出的重要贡献。2020 年疫情期间,支部党员发起的"上海 Seeding:重建信任,种下希望"活动成为中国唯一入选联合国人居署《上海手册——21 世纪城市可持续发展指南》年度报告社会篇的案例。三是先锋品园,初心如磐。上海是党的诞生地,也是我国改革开放的排头兵。支部用好上海红色资源,先后组织党员教师参观陈云纪念馆、广富林遗址、金山水库村等,现场学习党史、新中国史、改革开放史、社会主义建设史;邀请风景园林建设者"共话浦东开发开放 30 周年",分享连续三年"建设美丽长宁,服务护航进博"的经历与体会,支部成员在经济奇迹中感受发展温度,站稳人民立场,坚定理想信念。

(三)育人才,德为先,课程思政打造"三全育人"新高地

秉承"人与自然命运共同体"的深厚伦理情怀,支部工作深层次激活一切育人因子,支部教师深挖课程思政元素,打造课堂育人与实践育人品牌,为全国首批十所"三全育人"综合改革试点高校提供重要支撑。一是以德育德,凝心铸魂。支部推出"一名党员一面旗帜"系列报道,用党风涵养引领师德师风,加强教师自我修养的全面淬炼。支部周期性开展专题培训和警示教育,以服务国家战略、关注社会需求、关爱学生为核心推进理论学习系统化、经常化,引导全系教师知准则、守底线、守好讲台主阵地。二是先锋试点,全面布局。精品课程携手课程思政,支部成员自 2017 年起率先探索课程思政改革,在课程中"基因式"植入生态文明、人民城市、文化自信等价值观,对学生进行培育和塑造,构建"基础课程+专业课程+实践环节+支撑课程"育人新格局。党员教师主讲的 4 门课程入选上海市"领航课程",2 门课程立项上海市课程思政改革,"景观生态学"入选上海市课程思政教学案例。三是实践育人,知行合一。完善产学研协同育人模式,支部依托志愿服务创建并推广"党建+团建+社区花园"专业实践育人品牌。支部聚焦乡村振兴、生态文明、城市更新等,支

部成员近五年指导学生 90 余人次获"创新创业大赛"及各类实践育人奖项。

三、深入思考

2021 年是中国共产党建党 100 周年，是"十四五"规划开局之年。在新的历史起点，支部坚持"一流党建引领一流学科，培养一流人才"，稳舵立潮头，锚定高标准，继续充分发挥党支部的人才优势和资源特色，探索校社联动新路、融入时代发展格局，以系统化布局引领示范创建，以精细化工作提升质量创优，努力锻造可借鉴、可推广的过硬品牌，实现全国党建工作样板支部培育创建取得显著成效，充分发挥辐射带动作用。

（一）"双"频共振有力度，党建引领同心筑梦

坚持围绕中心抓党建、抓好党建促中心，推动高校基层党建和学科发展一体推动、深度融合。在系统工作部署和具体活动开展中，突出党建业务共学共享，促进专任教师党支部在学术科研、团队建设、教书育人等方面的提质增效，打破党建业务"两张皮"的壁垒，增强支部的政治功能与业务赋能，加大党支部工作力度。

（二）"带"领辐射有广度，联学共建同担使命

高等教育承担着人才培养、科学研究、社会服务、文化传承创新的四大职能。高校教师党支部要全景式传递教育正能量，在师生之间、校园内外形成引领示范和影响辐射作用。党建带团建学建，紧抓青年学生入党启蒙教育，在专业学习中锻造信仰认同；坚持知行合一，建构"四个自信"与专业知识技能的耦合渗透，在社会服务实践中增强理论认同；校区社区结对共建，引领社区景观共治共享共建，在让人民满意的高质量城市建设中凝聚价值认同，拓宽党支部工作广度。

（三）"头"雁领航有高度，筑强堡垒同行致远

作为由风景园林学科教授、学者组成的高校基层党支部，每一位党员教师在各自专业领域都卓有建树，怎样才能聚沙成塔，是摆在支部建设面前的一道难题。在工作中需要更加注重支部书记、支委委员和支部党员在传承红色基因、落实立德树人、志愿服务社区以及推动学科"双一流"建设过程中的先锋模范带头作用，创新激励机制，在服务国家社会需求中形成聚合力，切实把党支部建成坚强的战斗堡垒，提升党支部工作高度。

不忘初心夯实专业能力
牢记使命助推学科建设
——南京大学信息管理学院情报学教师党支部创建工作特色案例

颜嘉麒 朱 敏

一、支部简介

南京大学信息管理学院情报学教师党支部持续深入学习党的十九大精神和习近平新时代中国特色社会主义思想，贯彻落实"立德树人"根本任务，紧密围绕学校中心工作，树立团结、建设、发展、创新的工作理念，以政治为核心，以思想为主导，以组织为保障，在掌握学科前沿知识的基础上，积极构筑教育管理党员教师和宣传引导的主阵地，强化党员教师的示范引领带头作用。

支部现有成员20名，包括教授9人，副教授7人，讲师4人，其中有两位教授为教育部"长江学者"奖励计划特聘教授，拥有一批国内知名、学术造诣深厚的学科带头人及学术骨干。支部所在的学科是"图书情报与档案管理""双一流"学科、A^+学科承建单位，QS（Quacquarelli Symonds，世界高等教育研究机构）世界大学排名第26位（2019年），具有图书情报与档案管理一级学科博士学位授予权，情报学是国家重点学科。

二、特色经验

（一）互动学"习"新思想，共建共话新征程

支部以"大宣传"精神为指导，运用多种载体、多种方式，广造氛围，兴起"学习中国特色社会主义新思想"热潮，始终做到学习政治热点不放松，守牢师德师风底线不动摇。支部积极参加学校以及学院党委组织的党课宣讲活动，举党建之旗、立精神之柱、建科研家园，将党的十九大

精神、三严三实、群众路线、党风廉政教育等融入科研学习中，推进专业领域深植；此外，强化意识形态责任意识，变"灌输式"教育为"互动式"学习。在支委班子带头讲党课的引领示范下，开展全员讲党课活动，以学科研究方向划分，成立兴趣小组，定期结合国家新政策、新路线、新战略及相关领域科研发展情况进行主题汇报，在深化党建统领思想的同时促进学术思想交流。支部创新党课学习形式，发挥信息管理专业优势，用好"互联网＋"等现代信息技术手段，采用微党课、微动漫、微视频等形式，利用学习强国、共产党员网、微信等平台软件增强学习吸引力。理论学习之余，支部与情报学博士生支部结对共建，共学共创，围绕学科建设、"双一流"发展开展特色的党建文化交流，以党建促发展、以发展谋一流，筑牢思想根基的同时，立足祖国实际打造学术高峰，形成支部品牌凸显、活力强劲的生动局面。

（二）重走革命圣地，赓续红色基因

在宣讲辅导深入学、党建专业结合学的基础上，开展活动丰富学。支部积极协助学院党委，组织党员师生走访红色革命教育基地，通过"请进来、走出去"的方式加强理论学习，结合实践，传承信仰精神。在贯彻党的十九大精神的开局之际，支部成员与学生骨干一同前往嘉兴南湖革命教育基地，探访中国共产党的诞生地，重温中共一大的光辉历史，接受"红船精神"的庄严洗礼。清明节之际，支部成员与学生党员一同前往雨花台教育基地祭扫革命先烈，通过学习教育，引导师生知史爱党、知史爱国，大力发扬红色传统、传承红色基因，赓续共产党人精神血脉，始终保持革命者的奋斗精神。此外，支部还组织党员集体观影《厉害了，我的国》，看新中国成就变迁，与伟大祖国共奋进。在前辈创造的美好时代下，感受中国人民在全面建设小康征程上的伟大奋斗历程，党员同志更坚定了信念，以更加饱满的热情投入国家的建设中，努力培养担当民族复兴大任的时代新人。

（三）发挥"五老"余光热，敬业爱生传帮带

为传承"立德树人、敬业爱生"的优良师德师风，利用"五老"传帮带的思想、阅历和经验优势，结合支部成员成长需求和师资队伍建设实际，助力学院办学，支部联合学院党委举办老中青教师座谈会，邀请老同志开展院史介绍、经验交流和分享，建言献策，共商育人大计。支部还邀请四位"青年教师成长导师"定期给支部成员传授宝贵经验，推荐学术资

源。此外，围绕学"四史"、明校史主题，支部与校办、法制办开展联合党日活动，与学校退休老领导、老同志一同开展思想想交流，凝聚爱校荣校共识、师生同心共创美好未来。老领导、老同志言传身教，率先垂范，给支部成员上了一堂生动的思想政治课和劳动教育课。该活动将师德师风教育融入老同志对中青年党员教师的传帮带中，增强了支部成员在思想境界、阅历经验方面的积累。

（四）守立德树人初心，开学科发展新局

一是发挥学科优势，贡献国家社会。支部充分发挥所依托的学科优势，结合自身科研教学情况，开展了很多服务社会和贡献社会的活动。响应国家战略、政策、治理与营运需求，支部成员在战略分析、公共政策研究、情报工作等方面为国家提供战略咨询服务，如建成开放数据分析与处理综合训练中心省级示范中心、江苏省知识服务与数据工程重点实验室、南京大学双创大数据平台和南京大学人文社会科学大数据研究院，参与建设国家南海协同创新中心、国家科技信息资源综合利用与公共服务中心、国家工程技术研究中心和江苏省信息安全与保密工程技术研究中心等学科平台。支部成员所在的图书情报档案学科中，许多教师党员利用自身的科技评价的研究特长，发起和参与创建以 CSSCI（C 刊）、CTTI（C 库）等为代表的评价服务体系，帮助解决中国情境下的科技评价问题。在国家推动开展清理"唯论文、唯帽子、唯职称、唯学历、唯奖项"专项行动中，支部成员利用学科优势，积极进策献言。支部党员立足于国家需求所发挥的学术贡献还包括国家智库评价、政务系统以及全国第一家保密专业学院和国家安全数据管理专业建设。

二是立足学科领域，学习新知识，吸纳新人才。支部注重新技术环境下的学科知识更新，以数据空间和信息系统为研究对象，使学科知识同步于创新技术发展，在数据管理基础理论、大数据分析方法、区块链技术开发、数据工程与知识服务应用等新兴方向的教学与学术研究上有着重要影响。支部成员主要研究情报的产生、传递、利用规律，还利用现代化信息技术与手段，研究情报的性质、特点、影响情报流通的因素，以及有效查取和利用情报的加工技术和方法，致力于将军事、国防、安全、科技、医疗卫生、生态环境、社会经济、政府决策、历史文化等各个领域的情报学进行探索，增进各个行业和领域情报学的相互联系、相互交流，构建军（军事、安全、边防、国防等）民（科技、社科、医卫、生态环境等）情报学为一体的情报学学科，形成大情报科学体系。

三是以研究促进教学，积极寻找挖掘教学内容中的思政部分，以优秀的师风师德感染带动学生。支部成员在授课过程中，充分结合国家信息数据管理的产业政策，如《促进大数据发展行动纲要》《大数据产业发展规划（2016—2020年）》《新一代人工智能发展规划》等，向学生传递科学思维和科学精神，让学生理解国家政策导向，让学生学会将专业知识运用于思考国家发展问题，通过掌握专业技能参与国家发展建设，实现思政教育润物细无声。以支部成员组成的党员教师团队被评为"南京大学先进师德团队"。

三、深入思考

展望未来，在新时代下需要思考以下几点方能使教师党支部真正成为教育党员的组织、团结群众的核心、攻坚克难的堡垒。

（一）爱岗敬业，把论文写在祖国大地上

坚守奉献国家、服务人民的底色，必须有深沉的家国情怀和以天下为己任的责任担当。作为教师党支部，支部抓好党建促发展，破除党建、业务"两张皮"的问题，致力于解决中国情境下的管理和科学问题，构建中国特色管理学理论，为中国现代知识体系的建立和发展探索出一条清晰的道路，在祖国最需要的时候挺身而出、勇于担当，奉献国家，服务人民。

（二）传道授业，从学生中来到学生中去

作为党员教师，贯彻落实立德树人的宗旨，要坚持从学生中来到学生中去。从学生中来，要求我们以身作则，提高自身素质，时刻汲取党的最新理论知识，提升道德素养，肩负起传道授业的责任；到学生中去，要求我们多听取学生和老教师的各种意见，搭建好老、中、青教师"传帮带"的桥梁，让学生终身受益。多多探索与学生党支部的共建活动，力求达到课程育人、科研育人、党建育人的功效。

（三）传递力量，永葆支部青春活力

注重加强支部成员和支委班子的教育培养，建立健全有效的沟通机制，广泛采纳班子成员的意见建议，及时掌握支部成员的思想政治状况，构建充满关怀、接纳和温暖的团队。主动帮助引导学术骨干教师向党组织靠拢，条件成熟的及时确定为发展对象，为支部大家庭吸纳更多优秀分子。传承支部成员的精神，传递共产党员的先进力量，永葆支部的青春活力。

"四先"引领"6+6"工作法
谱写材料奋进之笔
——江南大学化学与材料工程学院
材料系党支部创建工作特色案例

施冬健　潘庆伟

一、支部简介

江南大学化学与材料工程学院材料系党支部现有党员35人，其中教授8人，副教授21人，博士后4人，预备党员1人；党员教师人数占材料系总人数的74.5%，有博士学位的占党员总人数的94.3%，45岁以下的占党员总人数的85.7%。这是一支老中青汇集，政治信仰坚定，学历层次高，充满活力的队伍。支部以党建"双创"为契机，围绕"七个有力"重点任务，以"政治优先、立德为先、育人争先、业绩领先"的"四先"理念为引领，将中心工作落脚为党支部"六大工程"和党员"六个一"，构建"'四先'引领下的'6+6'工作法"，在奋斗中为材料系发展不断添"材"加"料"，锻造出真"材"实"料"，推动事业快速发展。材料支部于2018年12月获首批全国党建工作样板支部培育创建单位，于2020年12月通过验收。

二、特色经验

（一）党支部"六大工程"

1. 组织建设工程。支部深入学习习近平新时代中国特色社会主义思想及系列重要讲话精神，重读《共产党宣言》，提升党员政治站位，强化政治引领。支部成员通过参观周恩来故居与江阴跨江纪念馆等党日活动，以及考察调研、红色观影、社会实践等多样化活动，充分感悟艰苦奋斗、求真务实、实事求是的工作作风。这样的活动，大大增强了组织生活的吸引力和亲和力。

2. 师德垂范工程。支部深入学习黄大年的事迹、西迁精神等,通过组织生活会、视频学习讨论会、撰写学习心得等方式,鼓励党员教师不忘初心,牢记教师的神圣使命,引导党员教师树立崇高的理想,激发教师神圣使命,把个人价值实现有机融入中华民族伟大复兴的中国梦和写好教育奋进之笔的历史机遇中,在各自的岗位上强化求真务实、忠于职守的历史责任感和担当意识。通过在教学和科研工作中推选党员师德标兵示范岗、青年党员示范岗等形式,树立了倪教授、刘教授为师德标兵和教学标兵,马教授、杜教授等为科学研究标兵等;通过学习身边的标兵榜样,支部引导广大党员把目光聚焦于师德师风建设,使修德育人、躬行身教的精神成为党员教师的不懈追求。

3. 育人引路工程。支部打造"思政"与"科创"双链式育人模式,大力推动以"课程思政"为目标的课堂教学改革,以"高分子化学"为典型,认真梳理课程所蕴含的思想政治教育元素,把核心价值观、民族复兴、科学精神等课程思政内容全面融入课程教学,培养学生的工匠精神和家国情怀。疫情期间,工作室线上课程不仅开展专业知识教学,还对抗击疫情与心理健康进行教育和指导,缓解学生的焦虑心理,激发学生的爱国、爱家情怀和为抗疫奉献的精神。支部重视"科创育人",将人才培养分为意识激发、实践训练、培育激励和人才育成四个阶段,形成大一参与创新研讨、大二参加创新项目、大三创新项目评优、大四重点培育竞赛的育人过程。支部所有党员均参与学生创新项目指导,近两年指导学生获得全国大学生"挑战杯"课外科技竞赛三等奖1项、首届全国大学生高分子材料实验实践大赛一等奖等多项奖励,充分培养了学生的科研能力,释放学生的科创潜能,引导学风不断向好,2020年学生考研率首次达到54.8%。

4. 业绩提升工程。一是构建青创工程。支部瞄准国家科技发展战略前沿,结合学校"双一流"学科建设,逐步形成支撑"一流学科"的团队优势和特色,2个团队入选学校至善团队(培育)。二是实施青蓝工程。支部优化教学、科研、实验"三导师"制度,把青年教师扶上马、送一程,在老党员的指导培养下,支部内一名教师获国家级人才"青年长江学者"称号,多名教师在各自研究领域取得了优秀成绩,在行业中形成了很大的影响力,并获得多项省级以上人才项目支持和奖励。三是开展青苗工程。支部积极推荐多名教师到教育部门、校职能部门和镇园区挂职锻炼,通过与各方融合为学院发展提供引擎。

5. 行业影响工程。一是优化行业服务。支部推动党员教师深入了解企业的技术需求，样板支部建设两年间，材料系为企业多次解决关键技术难题，为中华民族伟大复兴做好新兴产业、健康事业和民生事业的服务工作。支部努力搭建学生学习和校企合作平台，在"涂料工业"60周年系列活动中，特邀其在我校举办"走进校园"活动，通过"产教融合——助力涂料行业高精人才培养""延续和传承——弘扬匠人匠心精神"等活动环节，进一步促进校企协同育人工作，解决学生学习困惑及企业的技术需求问题。二是推动社会科普。支部举办"美丽化学与你相约"公众科学日活动，分别为在校大学生、中学生和小学生开展了以"人在征'涂''料'望未来""芳香诱惑，美丽香薰""化学世界我来了"和"童趣化学"为主题的科普知识与实践活动，通过寓教于乐的形式，弘扬科学精神，普及化学知识，从科学角度，专业解读化学与材料对人类、环境的重要作用。

6. 宣传示范工程。支部建立"真材实料样板支部"微信公众号，建成融政治教育、教学科研、人才培养、社会服务等内容为一体的对外宣传平台，以成果彰显党建成效，使平台成为学院对外展示的窗口。按照"6＋6"设想推进创建工作，检验创建措施是否有效，支部将此成功做法在院内示范引领，并与兄弟学院、高校支部交流，不断改进建设举措，总结凝练工作方法。

（二）党员"六个一"

为激发党员的创建热情，保证党支部"六大工程"顺利完成，支部对党员提出"六个一"的要求。研读一本理论典籍：每位党员自选一本理论典籍，进行自主深入学习，党支部组织读书交流会，每位党员分享读书体会，就相关话题进行交流。为学生上一次党课：与材料系学生党支部共建，党员骨干围绕立德树人、科研报国等话题进行分享，所有支部党员参与讨论，为学生成长成才出谋划策。联系一名三困学生：积极掌握学生动态，以团队方式帮助多名"三困生"解决实际困难，有的顺利保研升学。指导一个学生科创项目：推动学生全员科创素养提升，党员教师100％指导学生科创，为科创竞赛成绩稳步提升奠定坚实基础。取得一项个人突破性成果：每位党员自主选择突破方向，绝大多数党员在高水平论文、国家企业重要项目、省部级科技奖等方面取得新成果。联系一个行业知名企业：每位党员联系至少一家行业知名企业，不断推进项目合作，努力将论文写在祖国大地上。

三、深入思考

材料支部围绕学院党委"旗帜鲜明抓党建、求真务实促党建、立德树人铸党建、率先垂范强党建"的工作思路，引领材料系的中心工作获多项突破，在中国共产党诞辰一百年之际，我们总结经验，深入思考如何更好地发挥党建工作的引领作用和党员的先锋模范作用，突显政治功能，实现样板支部的提质增效功能。

（一）"立德树人"根本任务，培养国家需要的高质量人才

支部围绕高校立德树人根本任务，"立德"方面，强化师德师风的教育，引导支部党员坚持把纪律和规矩放在前面，培养具有"与大学匹配的个人涵养、与教育匹配的师德修养、与职业匹配的严师学养和与形势匹配的政治素养"的教书育人先锋；"树人"方面，以"教师育人工作室"为载体，全方位关心了解学生思想政治状况，将学生的思想引领和价值观塑造融入人才培养。

（二）发挥基础党组织的活力与党员作用，提高党员政治站位

支部始终把坚持正确的政治方向放在首位，牢固树立"四个意识"，提高党员政治站位，激发党员的内在动力与争先意识，促进内涵式发展。为解决先前党支部和系行政工作"两张皮"现象，努力实现党支部的建设与材料系中心工作同频共振，与人才培养、教学科研、社会服务等深度融合，促进组织建设、教书育人、学术研讨、社会服务四位一体，努力把党的政治优势转化为科学发展优势，把党建工作的"软实力"转化为推动科学发展的"硬实力"。

（三）抓住学校的发展机遇，引优培强

根据江南大学"一体两翼"的建设思路，抓住新校区的发展机遇，努力谋划，利用好新校区的产业特色，建好教学与科研平台；引进高端人才，培养优质教师，优化团队，从而推动创新，争创一流本科教育，产出一流科研成果，提供一流社会服务。

一心四箭　经国济民
——中国地质大学（武汉）经济管理学院经济学系党支部创建工作特色案例

齐睿

一、支部简介

中国地质大学（武汉）经济管理学院经济学系党支部目前共有党员25名。在上级党委的领导、亲切关怀之下，所有党员勠力同心、团结奋斗，支部以"一心四箭"为抓手，做到"五个过硬、七个有力"，2019年成功入选教育部第二批全国党建工作样板支部，2018年被评为湖北省优秀基层组织。专业建设也取得重要进展，2019年经济学入选"双万计划"。支部全员积极向上，2020年疫情期间先进事迹不断。支部这些年的发展真正实现了支部党建、专业发展两花开，成为我院卓有特色的基层党支部之一。

支部通过样板支部创建，总结提炼了"一心四箭"的工作模式，即以"党建为中心，做到党建＋教学、党建＋科研、党建＋思政、党建＋学工"。支部有效落实"两学一做""三会一课"和"不忘初心，牢记使命"主题教育学习，在防疫抗疫、教学科研等各项工作中充分发挥支部战斗堡垒作用，认真做到"七个有力"。

二、特色经验

（一）以党建引领教学质量的全面提升

教学质量是学科生命线，支部认真开展了"不忘初心，牢记使命"主题活动，认真学习教育部立德树人相关文件，紧抓师德师风建设：一是认真组织学习了黄大年、李德威等同志的先进事迹；二是高度重视师德师风建设，逢会必讲，逢会必学，邀请老党员谈立德树人经验；三是高度重视推进教学改革工作，党员教师积极踊跃报名教改项目，申报率、立项率均在全院领先；四是大力推动实习基地和产学研合作单位建设，与湖北省碳交易中心、风脉能源等湖北省重要机构和单位签订合作协议，积极拓宽实习渠道，丰富实习方式和内容；五是加强教学质量监督，除学院和学系的教学质量监督外，支部每年多次对学生进行调研，时刻掌握教师教学质量状况；六是开展了一系列抓学风建设，提出"严在地大，严在经济"口号，积极推动日报打卡制度，本科生学风和学习积极性有显著提高，形成了良性竞争氛围；七是进一步加强了师生互动，组织开展了"我读一本书·经典著作读书心得分享会"和优秀读书笔记评选等活动；八是积极配合系班子全面推进各项工作，党员在湖北优秀基层教学组织、"双万计划"专业申报过程中担当主力，在各项实习中不怕苦、不怕累，冲在最前线，在2019年资产评估专业成功举办的第八次教指委会议中，支部党员也发挥了关键作用，保障了会议圆满举行。

（二）以党建引领科学研究的全面突破

作为高校基层支部，教学与科研是支部成员的主要工作内容。一方面，支部鼓励党员认真从事科学研究，积极申报各类科研基金，创造各种有利条件保障党员科研能力提升。3年间，成金华书记获国家自然科学重大项目，陈艳等多名老师获社会科学基金面上项目，龚承柱、田鹏等教师获自然科学、教育部青年项目，国家基金申报率和成功率年年超额完成考核要求，王来峰等中青年教师也在各自专长领域获得了大额横向课题资助。另一方面，支部组织知名教授为青年教师传经送宝，帮助青年教师提高课题申报成功率。此外，为了帮助教师与国际高水平学者合作，支部根据成员研究方向，有针对性地邀请知名学者举办经管论坛，积极拓展学科与海内外知名高校的合作领域，邀请了包括墨尔本大学学者在内的多位专家访问，为青年教师牵线搭桥，组织多学科科研团队，使资源优势互补，推动青年教师组建科研团队。支部作为人才服务与管理的基层单位，一直积极开展高水平人才引进工作，近3年已成功引进特聘教授2人，签约柔性人才1人，引进特聘副教授2人，校内调入教授2人，副教授1人，一定程度上缓解了师资紧张的压力。

（三）以党建引领思政教育的全方位开展

为党育人，为国育才是高等教育的宗旨。支部高度重视以党建引领思政教育工作，一是依托样板支部建设推动课堂思政全覆盖，动员党员教师精心设计课堂思政方案，在教学中育人于无声；二是以支部为核心，打造教工、学工、本研党支部和班委的立体党建框架，开展了一系列思政教育活动。如积极通过一月一系谈，加强师生思想交流；组织教授、支部书记为本科生讲党课，积极参加学生各项年级班级活动；积极引导学生参与微金课的设计和制作，让学生在党建活动中受教育、真参与、有获得；重视青马工程，培养了湖北青马工程杰出学生侯宛坚，目前重点培养新一批青马工程入选者吴定斌同学。

（四）以党建引领学生工作的全员参与

支部党员将全心全意为学生服务作为自己的使命与责任，全员参与，积极配合学工部门，探索提高学生升学率、出国率和就业率的措施。2020年2月底，支部认识到疫情可能会对湖北省经济形势和我专业毕业生就业带来影响，专门召开主题党日活动，认真讨论，带领全支部党员迅速行动，竭尽所能动员各种力量，与院学工一起组织了多次活动，邀请了资深人力资源管理师为学生进行模拟面试和简历制作等就业方面的指导，帮助学生开拓就业渠道，赢得了学生一片赞誉和学校有关部门认可。

除疫情临时反应外，支部每年定期开展保研经验分享会、就业经验分享会、实习经验分享会和考研模拟面试，把服务学生落到实处，极大增强了师生联系，提高了学生满意度和归属感。为了帮助部分就业困难较大的同学，支部还设置了多个党员先锋岗，由专人负责对其进行指导。

三、深入思考

2021年是中国共产党百年华诞，中国站在"两个一百年"的历史交汇点，全面建设社会主义现代化国家新征程即将开启。习近平指出，党的基层组织是党的全部工作和战斗力的基础，支部初心不改，情怀依然。支部将一如既往发挥基层党支部的战斗堡垒作用，坚守底层党务工作阵地，努力创新，砥砺前行，迸发出新的生机与活力。

（一）保持系统性学习党章、党史的同时，落实支部组织生活和理论学习的标准化和规范化建设

支部将发扬严实作风，坚持落细落小，确保取得实效的指示。支部除严格遵循上级党委工作程序要求外，应根据自身党员组成、支部自身风格与优势细化各方面工作规范，在落实各项规范的同时，建立自身回头看机制，确保每一个工作环节都走得踏实有力，落地有声。

（二）调动支部党员积极性，联合学生党支部，结合专业教学，设计更多精品思政内容，将支部影响力渗透到课堂，融入教学与学生工作之中

经济学对国家和社会发展意义重大，影响政府经济建设决策，更会对社会意识形态产生辐射。在课程思政教学中，支部全体党员要带动全系教职工深入贯彻落实习近平新时代中国特色社会主义经济思想和党的十九届五中全会精神，落实习近平总书记关于"不断开拓当代马克思主义政治经济学新境界"系列重要论述精神，牢记防止经济学教育严重西化和建设中国特色社会主义政治经济学，是经济学必须肩负的时代使命。支部通过"六个建设"推动"课程思政"向"学科思政"升级，强调整体性、综合性、协同性，紧抓每门课程的课程思政工作，同时积沙成丘，形成学科思政最大合力；围绕"支部党建＋师资能力建设＋文化建设＋课程思政建设＋思政大平台建设＋思政制度建设"的六位建设模式，推动"课程思政"的"一课一思"升级为"一科一思"的"学科思政"，充分调动学科所有资源，形成整体、综合、协同的学科思政教学合力，使思政教学效果最大化。

（三）推进支部工作信息化程度，充分运用信息技术改进党员教育管理方式、提高工作水平，加强网络舆论的正面引导

支部与学院、学校信息化建设相接轨，打造支部党建信息化平台：一方面，将平台模块与学院、学校党组织建设相联系；另一方面，创设支部特色模块。这样就能借助信息化建设加强支部工作的渗透性、影响力，也能更加便于支部成员参与支部建设，激发支部成员工作的积极性与创造性，同时这也便于做好支部工作痕迹管理与工作档案处理，有利于支部随时总结、反馈各个阶段的工作。

坚持围绕中心抓党建　争做学科建设排头兵
——武汉理工大学机电工程学院机械工程系党支部创建工作特色案例

宋春生

一、支部简介

武汉理工大学机电工程学院机械工程系党支部坚持以习近平新时代中国特色社会主义思想为指导，树牢"四个意识"，坚定"四个自信"，做到"两个维护"。支部围绕中心、服务大局，聚焦"七个有力"，积极落实基层党建工作任务，始终把支部的政治建设摆在首位，严格落实"三会一课"制度，扎实开展"两学一做"学习教育、"不忘初心，牢记使命"主题教育、党史学习教育。支部紧扣"面向国家重大战略需求，面向经济社会主战场，面向世界科技发展前沿"要求，以"争做学科建设排头兵"为主题，带领支部党员和全体教师出色完成中心工作，实现党建工作与业务工作双促进、双融合，提升服务经济社会发展的能力。

机械工程系党支部现有教师35名，其中党员26名。党员中具有博士学位的25名，女性5名，具有正高级职称的15名，40岁以下的8名，具有国外著名高校留学或工作经历的17名，省部级人才5名。机械工程系党支部及专业系先后获国家级一流本科专业建设点、湖北省省级教学团队、湖北省优秀基层教学组织等荣誉，荣获武汉理工大学校级先进基层党组织、先进集体、师生结对支部共建优秀案例等称号。机械工程系党支部是一个朝气蓬勃、人才济济的战斗堡垒。

二、特色经验

（一）以学习教育为出发点，把准政治方向之标，夯实政治理论之基

支部深入学习党章、党规和条例，学习习近平新时代中国特色社会主义思想，学习党的十九大和十九届二中、三中、四中和五中全会精神，学习习近平总书记"不忘初心，牢记使命"主题教育工作会议、全国教育大

会、统筹推进新冠肺炎疫情防控和经济社会发展工作部署会议、习近平总书记视察湖北重要讲话精神、全国抗击新冠肺炎疫情表彰大会等的一系列会议和重要讲话精神，全面理解、深刻领会其核心思想和精神实质，不断提高理论素养，坚定理想信念，增强工作本领。

支部赴孝感烈士陵园、金寨烈士纪念馆等地重温入党誓词，赴独山、六霍起义纪念馆参观，缅怀先烈；开展向以黄群、宋月才、姜开斌同志为代表的抗灾抢险英雄群体和王继才同志学习，向张富清同志学习，向黄大年同志学习等一系列学习活动；开展纪录片《本色》《榜样4》和《榜样5》专题学习讨论等。

支部书记讲授"不忘初心，牢记使命"主题教育专题、"不忘初心，牢记使命——做一名合格的共产党员"主题教育、"四讲四有"专题教育、"展现共产党人政治本色，彰显中国制度优势"、建党100周年、党史学习教育等多次党课，充分发挥党支部鲜明的政治引领作用，坚定党员理想信念，提升党员的家国情怀。

机械工程系党支部先后获校级"先进基层党组织"和"先进集体"称号，2019年机械工程系荣获"湖北省优秀基层教学组织"荣誉称号。支部作为教育部党建工作联络员联系支部，支部工作受到教育部党建工作联络员华中师范大学原党委副书记吴晋生同志的高度肯定。

（二）以特色党建为聚力点，凝聚学科建设之力，丰富党建创新之源

机械工程系党支部以"争做学科建设排头兵"为主题，发挥党支部的战斗堡垒作用，将教工的日常教学、科研工作融入党员工作中，通过一系列党员活动增强每位教职工学科建设的主人翁意识，塑造全系教职工学科建设的使命感。在全体教师的共同努力下，机械工程专业获批国家级一流本科专业建设点、国家特色专业，建有省级教学团队，是教育部首批卓越工程师试点专业、教育部西门子公司产学合作专业、湖北省高校本科品牌专业、湖北省综合改革试点专业，获批国家留学基金委的创新型人才国际合作培养项目，建有军工制造及其自动化国防特色学科。机械工程专业还获批数字舞台设计与服务文化和旅游部重点实验室、湖北省磁悬浮工程技术研究中心，获批第四批湖北省高校改革"先进制造与信息化"试点学院，获批"智能制造工程"本科专业，与中材国际南京工程有限公司在马来西亚成立"海外人才联合培养基地"，为学校首个海外校企联合培养基地。近五年党支部教师新立项科研课题200余项，新增科研经费1亿余元，获省部级教学与科技奖6项。

支部把政治理论学习与科学研究及教书育人相统一，深化课程思政建设，挖掘思政元素，发挥各课程育人作用，将课程思政融入评学、评教、评管各环节，强化所有课程的育人功能和所有教师的育人职责。支部成员打造"课程思政"示范课1门，在建"课程思政"示范课5门，"互换性与测量技术"国家级一流课程形成了思政"微课堂"特色品牌；推进"党委抓课堂"工程，党政干部、学科教授全覆盖面向学生讲授思政课。

支部积极开展"师生结对·支部共建"等特色党建活动，与机电工程学院机械工程专业本科生第三党支部学生党支部的共建"师生支部共建——促创新竞赛成绩新辉煌"系列主题活动，聚焦"资源共享"，以创新竞赛为抓手，推进"组织师生有力"的创新机制。活动通过师生共建，以师生结对参与创新竞赛为突破，以竞赛获奖和学术成果为导向，充分将学生活跃的创新思维与教师丰富的教学科研经验相结合，走出一条聚焦师生"资源共享"，推进"组织师生有力"，为学科和专业发展提供新动力的成果之路和创新之路。近五年，机械工程系获得各类国家级竞赛奖励200余项，多项竞赛获奖数名列湖北省第一，在全国名列前茅，师生结对案例被评为校级"师生结对·支部共建"。

（三）以组织建设为支撑点，增强支部凝聚力，发挥典型引领之效

支部严格落实"三会一课"制度，推进"两学一做"学习常态化，全面推行支部"主题党日"活动。支部定期召开支部党员大会、支委会、党小组会，规范和加强基层党组织活动开展，进一步加强和规范"三会一课"制度，推进"两学一做"学习教育常态化制度化，定期向上级党委汇报具体工作，规范"三会一课"的基本内容、基本要求、基本程序和开展频次，充分发挥支部成员的主观能动性，通过网络、多媒体等形式丰富学习内容和学习形式。

支部坚持执行党员目标管理制度和民主评议制度，增强党员自我约束意识，组织党员教师对照党章党规，重点对照党章、《关于新形势下党内政治生活的若干准则》《中国共产党纪律处分条例》，逐条进行自我检查。支部成员逐段逐句学习党章、准则、条例，对照检视分析，不断增强党员意识、纪律意识，不断提升政治境界、思想境界、道德境界。

支部加强日常工作管理，发挥党支部主体作用，发挥党员的先锋模范作用。支部积极做好青年党员教师发展、党员教育和管理、党费收缴、节假日慰问困难党员等工作，充分调动和发挥支部委员的集体领导作用和个人模范带头作用。支部以"先进典型"为示范，开展"党员示范岗"创建

活动，在学校主页、"理工党员网"、微博、微信上，积极推广党支部党建工作细节，做到示范引领，辐射带动。

支部带领全体教师积极投身应急处突和脱贫攻坚工作。疫情防控期间，支部教师与湖北玉沙集团共同研制高速医用防护口罩机，为疫情防控提供了物资保障；支部党员徐汉斌入选教育部第九批援疆干部人才，挂职新疆职业大学机械电子工程学院副院长，圆满完成支援新疆建设工作，被评为新疆职业大学2017年"民族团结一家亲"先进个人和2017年度"先进工作者"。

三、深入思考

机械工程系党支部建设以全面提升基层党组织组织力为目标，始终把党支部的政治建设摆在首位，树牢"四个意识"，坚定"四个自信"，做到"两个维护"，紧扣"面向国家重大战略需求，面向经济社会主战场，面向世界科技发展前沿"要求，以"争做学科建设排头兵"主题，实现党建工作与业务工作双促进、双融合，努力把机械工程系党支部建设成为新时代高校基层的战斗堡垒。

（一）突出政治引领，提升组织领导力

以主题党日的形式，深入学习全面贯彻党章、党规、党纪，规范"三会一课"，用理论武装头脑、指导实践、推动改革，突出政治引领。要以"两学一做"学习教育常态化制度化为载体，及时准确传达党中央的决策部署，引导党员认真学习习近平新时代中国特色社会主义思想，树牢"四个意识"，坚定"四个自信"，做到"两个维护"。

（二）创新组织生活，发挥组织凝聚力

将党支部建设工作与学科建设协同发展、融合提升，引导鼓励党员结合教学、科研实际，深入开展党建研究，实现党建与业务相辅相成。构建科学研究和"双一流"建设的战斗堡垒，实现党建工作与业务工作双促进，加速产教研融合进程，提高办学适应社会需求的主动性，提升服务经济社会发展的能力。

（三）发挥典型效应，增强组织号召力

以"先进典型"为示范，开展"党员示范岗"创建活动，制定支部实施方案，以点带面，示范带动，增强师德师风建设。加强教师队伍建设，提高教师育人能力，做好顶层设计，着力打造一支政治强、业务精、敢担

当、作风正的优秀党员教师队伍，提高组织号召力。

（四）推进师生共建，突出组织感染力

坚持"以本为本"，组织师生，宣传师生，凝聚师生，进一步服务师生，强化教师党支部"三育人"职能，打造思想政治工作品牌。完善教师、学生党支部的结对共建机制，将推动教育事业发展作为支部党建"双创"工作的出发点和落脚点，共同推进学风考风建设。以"师生结对·支部共建"特色党建活动为支点，充分利用新型载体，创新学习方式方法，加强线上、线下的互动交流。

特色融合 立德树人 教书育人
努力培养高质量专门人才
——湖南大学土木工程学院建筑环境与
能源应用工程系党支部创建工作特色案例

龚光彩

一、支部简介

湖南大学土木工程学院建筑环境与能源应用工程系党支部现有专业教师 18 人，党员教师 14 人，其中教授 12 人，拥有正教授职称教师占比超 80%，包括 3 位中组部国家青年千人计划入选者。专业实力在全国排第一位，包括全国百篇优秀博士论文指导教师 1 人，全国宝钢优秀教师奖教师 2 人，Elsevier 高被引专家 2 人，万人计划 1 人，该专业所在的土木工程学科为"双一流"建设 A 类学科，软科全球排名世界前 20 学科，是 2020 年教育部"新工科"建设专业之一。该专业 2019 年获湖南省教学成果一等奖 1 项，2020 年获批国家新工科专业建设 1 项（面向绿色高质量建造的土建类专业人才培养新机制探索和实践）。张泉教授的数据机房节能关键技术获湖南省科技进步二等奖，李念平教授领衔的团队获教育部科技进步二等奖 1 项，2020 年度龚光彩教授带领的建筑环境营造与节能团队获长沙市专利成果转化优秀奖 1 项等。

支部 2018—2019 年度获评湖南省"双带头人"工作室支部，以习近平新时代中国特色社会主义思想为引领，加强特色融合，立德树人，培养高质量专门人才，先后获湖南大学"先进党支部"及土木工程学院"优秀党支部"称号。支部书记多次获湖南省"双带头人标兵"及学校学院"优秀共产党员"称号。

二、特色经验

支部结合学科专业的特点，开展了具有多维度、多梯度特色的深度融合型支部建设工作，即特色融合、立德树人、教书育人，结合课程思政、精准扶贫、统一战线、学术科研等学科建设的诸多方面，主要有以下几点。

（一）加强党建学习，党建与业务工作相融合

党建与业务工作融合，二者可以高度统一、高度融合，这是高质量党建学习的基础。例如主题党日、"三会一课"等，在安排专门时间学习的同时，还结合专业实际工作需要，结合精准扶贫等工作展开，扶贫现场及红色老区等均可开展现场观摩等主题教育活动与党建学习工作。

2019年8月，支部教师（含非党员教师）利用假期分别到宝塔山、枣园和杨家岭参观学习（这也是本支部长期坚持的凝心聚力举措之一）。在宝塔山上，支部党员在支部书记龚光彩教授的带领下重温了入党誓词，再次感受到了加入中国共产党的神圣与伟大，起到了凝心聚力的作用。同时，参加活动的教师还借此机会调查、了解了陕西等西北地区的建筑、小城镇生活及西北人文特点，更好地理解我国不同地区地理、气候的差异对建筑节能及绿色建筑的影响。2021年4月，建环支部教师又前往江西瑞金开展"四史"学习，教师们受到很大鼓舞，纷纷表示要进一步为党为人民努力工作。

从2018年底到2020年7月，支部先后4次来到隆回县白水洞村参加精准扶贫工作，对隆回县虎形山瑶族乡白水洞村杨庭友家进行走访。通过走访，教师们了解了村民劳作状况、当地建筑状况，支部教师们给予了杨庭友家庭极大的关怀，建环支部帮助村民，对当地人居环境进行了改善。在达栖山居农家乐，教师们与在场村民沟通，进一步了解村子在各方面待改善的情况和存在的困难，通过与当地驻村第一书记交流，对其建筑的进一步改进提出了建议。2019年11月，建环支部还与山东烟台牟平区组织部开展了联合党建学习活动，召开了高层次人才与科学研究服务专题对接洽谈会，进一步扩大了专业的影响。通过这一系列学习活动，教师们更好地了解了中国的实际，坚定地做顶天立地的学问，响应习总书记的号召，"把论文写在祖国大地上"。

（二）科研与思政及教学相融合

科研与教学二者不是对立关系，高水平的科研是高质量教学的基础。例如自主创新的科研成果融入教材之中，可以更好地激发学生的学习热情，本人所主讲的本科生课程"流体输配管网"教材中就融入了本人在空调冷凝热回收、土壤源热泵等可再生能源及节能方面的最新成果，极大地

提高了学生的学习兴趣。特别是在将科研与教学相融合的过程中，自主创新的成果又是很好的思政元素，利用这些成果讲好中国故事，也是"把论文写在祖国大地上"的思政元素，可以更好地激发学生的爱国热情，提高我国自主创新能力，克服当前"卡脖子"问题所带来的困扰。支部每位党员教师都坚持做到了这一点，并不断提高自己的科研与教学水平。科研与思政及教学融合，近2年来，我们支部有李念平等几位等教师负责的"建筑环境学""流体输配管网"等课程被学校列为校级思政重点课程，多位教师的科研、教学成果获得奖励，这些都践行了"把论文写在祖国大地上"的思想。同时支部加强与本专业学生支部的联系，开展教师支部与本专业学生支部的融合活动，有助于培养又红又专的高质量人才。例如与本支部相关的专业的学生就有2位研究生参加了隆回扶贫点的支教工作，该支教工作受到当地群众与学生的好评，这也让我们的青年学生进一步了解我们的国情，有助于青年人才的成长。培养具有先进思想又红又专的学生是高质量人才培养的关键环节，我校本专业大多数的学生毕业后均在国内工作，在祖国建设的主战场发挥关键作用，因此，支部教师积极鼓励他们结合岳麓书院的优秀传统文化，加强党建学习。

（三）团结协作，凝心聚力，促进教学科研上台阶

建环支部所在的系目前共有18位教师，其中党员教师14位，2019年底之前外籍教师有1位。如何发挥好每一位教师的作用，调动全体教师的积极性，凝心聚力促进学科建设与发展是支部长期思考的重大课题。在相关工作的推进过程中，支部相信党领导一切，团结一切，进而推动一切。在这一宗旨的指导下，支部积极支持每一位教师的发展，积极支持引进高水平人才。近年来，我们共有3位青年教师获批"青年千人"计划，且均为党员教师，为我们学科专业的进一步发展夯实了基础。支部积极做好统战工作，团结党外优秀教师，积极支持他们的工作，目前建筑环境与能源应用工程系主任李洪强同志为民主党派人士，他在本学科发挥了重要作用，除系主任日常工作外，李洪强同志指导本科生在国内多个专业竞赛或比赛中获得大奖，总数近30项，极大地鼓舞了本科生、研究生的学习热情；青年教师俞准为外籍教师，2018年度获得了湖南省青年教师讲课比赛一等奖。另外，2018年支部积极联络各位校友，在学校设立的湖南大学暖通基金奖学金（2019年正式启动并颁发了2批奖学金）；实验室卢继龙老师踏实努力，为实验室的建设发展起到了重要作用，获得了岳麓暖通基金奖教金。支部通过这些努力，极大地团结和鼓舞了每一位教师，

也影响了学生和校友。正是这些努力，湖南大学建筑环境与能源应用工程专业在 2019 年与清华大学、哈尔滨工业大学等一道获批（首批）为数不多的国家"双万"本科建设专业之一（位列全国前三），为我校建筑环境与能源应用工程专业高质量专门人才培养奠定了坚实的基础。

三、深入思考

2021 年，适逢中国共产党建党 100 周年纪念，建环支部将以此为契机，着力加强支部建设、立德树人、教书育人，培养又红又专高质量专门人才，扎实推进党建工作，促进学科发展。

（一）思想政治建设是党建的基础与首要工作

我们处在这样一个新时代，中国特色的社会主义进入新时代，全面建设社会主义现代化国家的新征程已经开始，支部应强化学习意识，提高政治站位，在习近平新时代中国特色社会主义思想的引领下，以思想政治建设为统领，进行学科建设与人才培养工作。思想政治学习是学科建设的基础和不可分割的组成部分，科研、教学等业务工作与党的思想政治建设是学科建设的一体两面，是一个内在与外在统一的整体，其中党建是灵魂和统领。

（二）立德树人、教书育人是党建的关键环节

立德树人的成效是检验高校党建工作的根本标准，教师党支部应紧紧抓住立德树人这个根本任务，努力培养又红又专、德智体美劳全面发展的高质量专门人才。教师、学生要成为经济社会发展各领域、各方面的表率，是我国社会经济全面发展过程中的核心正能量。

（三）国家重大战略需求是学科建设与高质量人才培养的抓手

学科建设与人才培养应当结合国家重大战略需求，特别是在我国许多关键技术屡被西方"卡脖子"的领域，我们需要加强党建引领，结合各自专业领域需求，着力开展原创性科学技术的研究，并以此为抓手，科学设置专业课程体系与思政课程体系，培养教师、学生的家国情怀与工匠精神。

只要我们在以上几个方面坚持不懈，以党建为统领，发扬中华优秀文化传统，就会不断取得进步，在全面建设社会主义现代化国家的征途上发挥关键引领作用，加快学科建设，实现高质量人才培养目标。作为基础支部，应当坚持时时有党建，处处是党建；坚持党领导一切，团结一切，推动一切；全方位落实党建引领，戒骄戒躁，谦虚踏实，努力培养高质量专门人才，在新时代背景下不断提高建筑环境与能源应用工程专业水平与实力，力争为全面建设社会主义现代化国家做出更大的贡献。

学科引领聚才　学术提升育才
文化铸魂励才　团队培养成才
——中南大学文学与新闻传播学院教工中文党支部创建工作特色案例

龙　丹　常恒畅　叶　烨　袁　帅

一、支部简介

中南大学文学与新闻传播学院教工中文党支部坚决贯彻落实党的路线方针政策和上级党组织的决议、决定，注重把党建工作和学科建设结合起来，摸索出一套"树人工作法"，即以"学科引领聚才、学术提升育才、文化铸魂励才、团队培养成才"为核心的基层党建工作方法。支部通过"三会一课"等方式深入学习习近平新时代中国特色社会主义思想和党的十九大精神。引导党员树牢"四个意识"、坚定"四个自信"、坚决做到"两个维护"，切实把思想和行动统一到学院决策部署上来。支部坚持走内涵发展之路，在各项工作中发挥党组织的政治核心作用、战斗堡垒作用以及党员的先锋模范作用。同时，支部重视发挥自身专业优势及特色，把建设政治文化作为"动力源"，继承和弘扬中华优秀传统文化，持续弘扬奋进精神，培育良好的校园文化氛围；积极参与社会服务，在传承优秀传统文化、促进中外人文交流、发挥智库作用、对口帮扶地方、服务学术共同体等方面，取得了可喜的成绩。

教工中文支部现有党员 21 名，其中教授 9 人，副教授 9 人，讲师 2 人，博士研究生 1 人。班子成员年龄结构合理，是一支非常精干的队伍。

2019 年 4 月，校学位评定委员会会议全票通过我院中国语言文学学科获得博士学位一级学科授予权。2020 年正式获批中国语言文学一级学科博士点。从此，中国语言文学学科的发展迎来了新的起点，学院的发展

迈入了新的征程，进入了跨越式的发展阶段。

二、特色经验

（一）普及优秀传统文化，助推文化强国建设

教工中文支部通过积极整合资源，利用自身人才与学科优势，坚持将传承和普及中华优秀传统文化作为固本强基、铸魂育人的重要抓手，多措并举，在促进两岸文化交流、服务地方文化方面发挥积极的作用。

协助举办"中华文化海外传播"国际高峰论坛以及三届"潇湘情·中华韵"两岸大学生吟唱文化节，在对外和对港澳台的文化交流中发挥了重要的纽带与桥梁作用，建立了良好的文化交流机制，加深了内地与港澳台地区的文化认同。

在长沙市委宣传部的支持下，支部联合湖南吟诵学会开展"诗吟潇湘"活动，研习湘语吟诵，创新了地方文化的传播形式，服务地方文化建设，丰富了市民文化生活。

中文系的杨雨教授作为传统文化的推广大使，通过多渠道、多方式，助力传承和普及传统文化、国学精神。

支部参与了中央电视台《平"语"近人》节目的录制，在节目中解读了习近平总书记重要讲话、文章、谈话中所引用的文学经典"四维不张，国乃灭亡"等句，让全国观众再次感受到中国优秀传统文化的强大魅力，切实体会到习近平总书记对优秀传统文化的创造性转化和创新性发展。我院因此收到了由中央电视台发来的感谢信。

（二）深入参与对口帮扶，筑牢脱贫攻坚成果

为深入学习贯彻习近平新时代中国特色社会主义思想和党的十九大精神，积极响应中央、省委、学校的扶贫工作号召，全面打赢脱贫攻坚战，教工中文党支部充分发挥党建引领作用，深入探索"党建＋"扶贫新模式，持续发力，通过教育扶贫、旅游扶贫、电商扶贫等方式，在中南大学对口帮扶县——江华瑶族自治县开展系列扶贫活动，推动当地发展，成果显著。

支部以实施培训、编写读本、开展诵读活动与读书交流会等方式，与江华县构建高校与县区合作的特色教师培训模式。教育扶贫项目帮助江华瑶族自治县建立起了一支热爱践行传承中华优秀传统文化的种子教师队伍，推动了当地中小学校内涵式发展，激发当地脱贫内在动力。支部通过

组织师生调研，为当地规划旅游路线、编辑宣传册，如支部李星辉教授分别于2016年和2018年出版图书《湖南永州岚角山土话研究》《湘南江华汉语土话与瑶语比较研究》，让当地缤纷的语言和文化资源得到进一步推广。支部积极挖掘资源，通过引进电商创业与扶贫团队，为当地经济注入新活力，促进当地贫困农户增收致富，巩固了脱贫成果。

（三）充分发挥专业优势，赋能文化产业发展

中南大学中国文化产业品牌中心成立于2006年，致力于在研究文化产业理论的基础上，促进中国文化品牌走向世界，推动文化产业政策优化、文化品牌创意、文化品牌规划、文化品牌评估和文化产业企业管理咨询等业务不断创新。

中国文化产业品牌研究中心十分重视智库作用，积极撰写智库报告，为文化产业发展提供智库支撑，中心撰写发表了《产业融合背景下文化品牌发展策略探析》《网络文学作品全版权运营探究》《湖南文化品牌核心价值的当代传承》《以文化产业牵引"文化湘军"再出发》《网络影视如何为传统电视指路》《推动湖南文化品牌加快发展的对策建议》《网络文学的产业化与精品化》《突破湖南文化品牌建设瓶颈的对策》等，智库成果得到了相关部门的重视，取得了良好社会效果。

支部联合中国作协网络文学委员会中南大学网络文学研究基地（CTTI）智库举办了多场网络小说作品研讨会，深入探讨网络文学的发展现状、经验、困境、出路、规范等问题，为中国网络文学的发展把脉、献策。为相关部门对网络文学的规范与管理提供了切实可行的建议。支部党员、基地首席专家欧阳友权教授于2020年作为首批专家，入驻马栏山"中国V谷"创建的"中国网络作家小镇"，成立专门办公室，指导中国网络作家进行创作。

（四）原创爱国主义素材，增强民族文化自信

爱国主义教育是思政教育的集中体现，而文化自信是爱国情怀的重要表现，与爱国主义有很强的融合性。支部向来重视爱国主义教育，鼓励党员积极寻找爱国主义素材。支部党员聂茂教授的万行长诗《共和国英雄》融合诗歌、语言、音乐等文学艺术表达方式，讲述共和国英雄的光辉事迹，慷慨抒发爱国主义精神，传承红色基因。部分诗作的朗诵音频版在各大新媒体平台火热传播，文字稿被《诗刊》《芙蓉》《解放军文艺》等名刊陆续连载，多场诗歌专场演诵会在长沙各地举行。长诗的节选《英雄组

诗》登上了由中共中央宣传部主办的"学习强国"学习平台"我和我的祖国"征文选登栏目,受到社会各界的广泛关注。《英雄组诗》是"学习强国"平台首次以音频形式发布的文学作品。同时,"学习强国"平台已制作视频样片,《共和国英雄》万行长诗所有篇章以音频和视频形式在"学习强国"平台上进行连载。

(五)搭建学术交流平台,促进领域协同发展

中南大学当代诗词创作批评与理论研究中心自成立以来,一直致力于社会服务方面的工作。中心通过举办重要会议论坛、加强学术交流、创办学术期刊、服务重要学术组织与专家学者等一系列活动和举措,为服务学术共同体贡献了力量。

《当代诗词研究》辑刊已出版两辑,投稿作者大多系海内外高校或研究机构长期从事诗词研究的中青年学者,辑刊为广大当代诗词研究者提供了一个交流的平台。同时,辑刊秉持"大诗歌视野",以当代旧体诗歌为落脚点,主要包括诗、词、散曲,以及相关民歌体式、古典意味浓厚的流行歌词等,后续会增设域外汉诗研究等新栏目,为有效的推动当代诗词的相关研究提供支持。

三、深度思考

(一)坚持党建引领,完善支部建设

支部始终坚持党的领导,重视党的建设,坚持把党的政治建设摆在首位,按照新时代党的建设总要求,充分发挥支部政治核心作用,认真执行党组织会议制度,深入贯彻落实全国高校思想政治工作会议精神,落实立德树人根本任务。通过支委会议、党员大会等形式及时传达部署,认真贯彻落实上级党组织决议,以政治建设为统领,把制度建设贯穿始终,统筹兼顾,有效提升支部的组织力和战斗力。

(二)加强政治理论学习,狠抓师德师风建设

师德师风建设是党支部政治职能的延伸,支部积极配合学院党委加强师德师风的各项工作,强化师风师德建设,统筹党建工作。通过集中学习研讨等形式加强对习近平新时代中国特色社会主义思想的宣传教育,不断增强教师的"四个意识""四个自信",在思想上、政治上、行动上和以习近平同志为核心的党中央保持高度一致。以政治建设为统领、以质量攻坚为动力、以提升组织力为重点、以推动事业发展为落脚点,充分调动党员

的积极性、主动性和创造性，建立健全党组织领导和运行机制、强化政治把关作用、深入思想政治工作、执行基层组织制度、推动改革发展，促进支部形成规范、科学的党建工作模式，助推支部党建工作质量获得提升，进一步强化教师党支部在师德师风建设、政策把关方面的作用。

"双优双强"促党建 立德树人育精英
——电子科技大学机械与电气工程学院可靠性设计及故障诊断技术党支部创建工作特色案例

刘 宇

一、支部简介

电子科技大学机械与电气工程学院可靠性设计及故障诊断技术党支部自成立以来,以建设党建优、业务优,引领性强、辐射性强的"双优双强"型党支部为目标,以四川省高校"双带头人"教师党支部书记工作室培育创建工作为契机,以立德树人、课堂思政为抓手,扎实开展党建工作。

支部现有党员6名,均为电子科技大学系统可靠性与安全性特色研究中心成员,包括教授4人、副教授1人和博士后1人,支部书记刘宇,支部副书记李彦锋。近年来,党支部以提升组织力为重点,积极强化党支部的政治功能,不断打造和锤炼"团结、奉献、卓越"的团队文化,坚持科研报国,主动担当作为,以实干、实践、实效诠释对党的忠诚。

二、特色经验

(一)党建优,支部政治功能发挥有力

支部深入学习贯彻习近平新时代中国特色社会主义思想,坚持加强政治理论学习,通过借助"学习强国"自学、邀请理论专家导学、组织集体讨论研学等形式,不断提高党员的政治理论素养,注重理论与实践结合,以党的创新理论指导教育教学、科学研究的开展。支部与绵阳中国工程物理研究院、中国核动力设计研究院开展结对共建活动,签署共建合作备忘录,明确共建双方将以深入推进基层党建、提升党员党性修养为目标,形成互学互鉴、互帮互助的共建格局。支部荣获电子科技大学2018—2020

年度"先进党支部"荣誉称号,刘宇工作室成功入选四川省"双带头人"教师党支部书记工作室培育单位,支部书记多次获校级、院级"优秀共产党员"荣誉称号。

(二)业务优,支部学术功能国际一流

支部所在的电子科技大学系统可靠性与安全性特色研究中心,实现了多项关键理论与技术的重要突破。近年来,支部所在研究中心先后承担了国家重大科技专项等重要课题120余项;授权发明专利30余件、软件著作权4件,出版中文专著2部,合作撰写英文专著10部,在可靠性领域国内外重要期刊发表SCI检索论文300余篇,他引10000余次;作为独立完成单位获得教育部自然科学奖二等奖3项、国防科学技术进步奖3项、四川省科技进步奖二等奖1项、四川省青年科技奖1项、中国运筹学会青年科技奖1项。支部所在研究中心现为四川省机械工程学会可靠性工程分会发起和挂靠单位,中国运筹学会可靠性分会副理事长单位和秘书处挂靠单位。截至2019年,在微软机构学术排名中,电子科技大学在可靠性工程领域学术排名位居全球前五,H指数全球排名第三。1名教师党员被评为四川省劳动模范,4名教师党员入选Elsevier中国高被引学者榜单,2名教师党员入选四川省万人计划,2名教师党员入选四川省杰出青年基金计划,3名教师党员入选电子科技大学"百人计划",团队获评"四川省高校系统劳模创新工作室"。

(三)引领性强,支部育人成效明显

支部成员始终坚守高校教师立德树人的初心,坚持奋战在教学一线,坚持人才价值观的培养与科研能力的培养并重,为党育人,为国育才。支部所在科研教学团队建立了多层次的可靠性人才培养课程体系,经过15年的耕耘和建设,共计开设可靠性相关的专业课程14门,实现了覆盖本、硕、博的全方位课程体系和特色课程体系。支部成员在教学上不断进行改革创新,打造了一系列"金课",主讲课程入选学校首批教学方法与考核方式改革标杆课程、首批探究式小班课程、课堂思政建设课程、校级新生研讨课,获首届课程思政微课大赛奖。黄洪钟教授负责支部师德师风建设,创新工作方法,多场景结合,做好支部成员师德师风建设,在黄洪钟教授的指导下,刘宇教授成为学校师德师风典范。支部成员因材施教指导学生成长,培养了一大批拔尖创新人才,包括省级优秀毕业生5人、校级优秀毕业生20余人,毕业生大多数投身国防军工事业,继续发挥模范

带头作用，成为学术带头人和科研骨干。近年来，支部获国家级教学成果二等奖1项、四川省级教学成果奖一等奖1项和校级教学成果奖3项。支部教师获校级优秀班导师、校级优秀班主任、我最喜爱的老师、校安研奖教金、唐立新奖教金、五粮液本科教学奖教金、四川省大学生工业工程创新应用案例大赛优秀指导教师等荣誉。

（四）辐射性强，支部带动作用突出

支部积极开展与学生支部"1+1"共建互助，支部书记作为学院博士党支部指导老师，加强思想引领与科研交流，在学校2018—2020年度"七一"表彰中，本支部和博士生党支部均获"先进党支部"称号。团队先后多人次积极担任了院、校两级研究生会主席和院、校两级学生组织干部，团队获学校"研究生优秀导学团队"称号。在抗击新冠肺炎疫情斗争中，支部成员捐款捐物，组建授课互助小组，创新线上授课方法，针对每位同学的实际情况制定指导方案。在确保学生健康安全的前提下，指导学生参与抗击疫情，多位学生的抗疫事迹受到校内外媒体广泛报道。

三、深入思考

2021年是中国共产党建党100周年，电子科技大学可靠性设计及故障诊断技术党支部将以四川省高校"双带头人"教师党支部书记工作室培育创建工作为契机，加强支部政治建设，突出教师党支部立德树人功能属性，扎实开展党建工作。

（一）政治建设是党组织建设的核心内容，处于首要地位

党的政治建设是党的根本性建设，决定党的建设方向和效果，党和国家高度重视高校党组织的政治建设。教师党支部在政治建设过程中要深入贯彻落实习近平新时代中国特色社会主义思想，坚持把思想政治工作作为开展支部党建的首要任务，将政治建设贯穿理论学习、科研报国、师德师风建设、教书育人全过程，努力开创支部政治建设新局面。

（二）立德树人是教师党支部建设的重要内容，处于重要地位

近日，中共中央印发了修订后的《中国共产党普通高等学校基层组织工作条例》，该文件提出，把立德树人成效作为检验高校党的建设工作的根本标准，再次凸显了立德树人根本任务在党组织建设中的重要地位。教师党支部应紧紧以立德树人根本任务为要求，培养德智体美劳全面发展的社会主义建设者和接班人。

(三)课程体系与课程思政创新是教师党支部建设的重要抓手,处于突出地位

教育是国之大计、党之大计。教育工作要坚持以教师党支部为依托,以支部成员为主干,坚持求真务实、知行合一、追求卓越、争创一流的团队精神,积极探索改革拔尖创新人才培养模式;融会"导学思政"体系和贯通"三全育人"指标,打通思政教育与专业教育壁垒,引导学生立大志、成大器,形成正确、良好且崇高的价值观,培养学生家国情怀和工匠精神。

"五抓五育"显成效 立德树人守初心
——陕西师范大学体育学院运动人体科学教工党支部创建工作特色案例

蔡梦昕　孙宇亮　田振军

一、支部简介

陕西师范大学体育学院运动人体科学教工党支部现有正式党员11名，其中博士8人，硕士2人（博士在读），教授3人，副教授4人，讲师4人；45岁以下党员9人，占82%，具有海外留学和工作背景的教师占64%。支部所有党员均工作在教学、科研、人才培养和社会服务第一线。

支部书记工作室2018年被确定为学院"双带头人"支部书记工作室，2020年被推选为校级"双带头人"支部书记工作室，2021年入选第二批陕西高校"双带头人"教师党支部书记工作室。党支部书记田振军教授先后荣获全国师德标兵、全国模范教师、国务院有突出贡献专家、陕西省师德楷模、陕西省教学标兵、陕西省教学名师荣誉，曾荣获宝钢优秀教师奖、陕西省高校优秀共产党员等多个荣誉称号。

支部在学校和学院党委领导下，形成了"集体和个人自学相结合，党委专题报告与支部书记讲党课相结合，跨支部联合活动与课程思政建设相结合，理论学习与提高自身素养相结合"的四结合学习模式。支部扎实推进思想政治理论学习和主责主业实效工作，全体党员身体力行，发挥学科专业优势，着力把党建工作与教学、科研、文化传承和社会服务深度融合，形成"五抓五育"党建工作特色，将立德树人的理念融入人才培养全过程，实现专业教育与思政教育同行同向。

二、特色经验

支部聚焦大学生教育的难点、高等教育的热点和教学改革的盲点，以人才培养为核心，以课程思政为切入点，形成"五抓五育"的党建特色做法。

（一）抓支部工作的"三个围绕"，培育国家级教学团队和高水平教材

支部工作紧密围绕"为国育才"的初心和使命，秉承自力更生、艰苦奋斗的南泥湾精神和扎根西部、甘于奉献、追求卓越、教育报国的"西部红烛精神"，把"为国育才，育优才"的初心和使命贯穿教育教学全过程。

课程建设工作紧密围绕授课质量提升和精品教材建设的主阵地，大力开展精品课程、资源共享课程和虚拟仿真实验教学金课建设。支部成员已建成"运动解剖学"国家级精品课程和3门省级精品资源共享课程，主编和参编全国统编教材10余部。在教材建设中，充分发挥教材"培根铸魂、启智增慧"的育人功能。2020年高等教育出版社邀请支部书记作为主编，启动了新版《运动解剖学》教材编写工作。新教材遵循课程思政主线，体现党和国家对教育的基本要求，对接国家"十四五"教材建设的基本目标和方向，深度融合新时代信息技术，植入AR技术，反映本学科发展新成果。

教学团队工作紧密围绕教学改革与人才培养质量的主线，充分发挥"名师、名课、名团队"的引领示范作用，培育青年教师教学技能和主动担当意识。支部书记带领团队获评运动人体科学国家级教学团队、陕西高校"双带头人"教师党支部书记工作室，获得省级教学成果一等奖3项、二等奖2项；培育的青年教师获得校级青年教师教学基本功大赛一等奖、课堂创新大赛等多项荣誉。

（二）抓国家级一流本科课程建设，培育国家级专业课程思政示范课

创建了运动人体科学展厅，采用"线上虚拟交互与线下实训相结合"的课程教学模式，形成了"微观机理可视化、人体标本动态化、多门课程综合化、理论与应用一体化"的课程建设特色，实现了运动人体科学类多门专业基础课程的"课堂革命"。2019年获评陕西省虚拟仿真实验金课，2020年获评国家级本科一流课程（虚拟仿真类）。

培育国家级专业课程思政示范课是支部的努力方向。在获评2021年陕西省课程思政示范课的同时，支部书记带领支部成员修订教学大纲，明确课程思政育人目标和元素，积极研制以学生为中心，以丰富专业理论知识和培育实践应用能力为重点的专业课程思政典型教学案例。通过开展"开学第一课""运动科普助力健康生活"等系列活动，激发学生情感共鸣，把生命教育、师德师风、健康教育、体育精神、科学运动、科学探索等，作为专业课程思政的切入点，并落实到课堂教学中。

（三）抓教学改革，培育与现代教育技术深度融合的混合式教学模式

支部成员瞄准目前大学生教育教学中的难点、高等教育的热点和教学改革的切入点，将线下课堂教学、实验教学、虚拟仿真实验教学体系建设和课外实践活动积极融合，形成了以"一核心（以学生发展为核心）、两重点（基本理论和基本能力）、三同步（理论课教学与教材建设、实验课与理论课教学、数字与平面课程资源建设同步）、四要素（教学目标、基本概念、知识要点、重点难点）"为主线的教学模式。

支部成员大力开展网络直播和线上、线下混合式教学，疫情期间开展在线教学课程 48 门，共有在线授课教师 49 人，听课学生 5007 人次。支部成员还大力开展肌肉力量训练方法设计与生物学监控虚拟仿真实验教学，通过模拟骨骼和肌肉解剖、骨骼肌收缩原理与肌电检测、乳酸和肌酸激酶检测、肌肉拉伤急性处理等虚拟实验场景和动画，激发了学生的学习兴趣，将创新教学模式和思政育人工作相结合，推进了疫情期间信息技术与教学内容的深度融合。

（四）抓学术研究与研究生培养质量，培育学生的创新意识和能力

支部成员聚焦"运动与心血管健康""运动与肌—骨系统健康"和"运动与青少年健康"等特色研究方向，主持国家自然科学基金 13 项；发表 SCI/CSSCI 研究论文 150 余篇，出版专著 7 部，获授权专利 10 项；获陕西省科技进步二等奖 1 项，陕西省哲学社会科学优秀成果三等奖 2 项，陕西高等学校科技进步二等奖 3 项；培养硕士研究生 110 余名，博士研究生 8 名，10 余名学生赴美国、英国和俄罗斯等国家的高校深造。

支部成员建立了"以科研项目为牵引，科研成果内化教学内容"的教学与科研互动机制，鼓励学生进行创新实验设计，探索运动机理。目前团队教师指导多名本科生承担国家级和省级大学生创新实验项目，聚焦于慢性疾病与运动防控研究，服务健康中国和人才培养的主线，为国家培养了大批理想信念坚定和具有创新意识的高素质人才。

（五）抓学生实践应用能力，培育"主动担当，服务社会"的责任意识

支部成员积极承担第八次全国学生体质与健康调研工作，组织本科生和研究生完成陕西省 4 个调研片区 12000 余人的抽查检测任务，为国家制定学校体育、卫生与健康教育工作发展规划与实施提供支持；通过对社区和全校教职工进行体质测试与运动建议，推动全民健康的发展；推荐学生参与开发了基于云存储模式，集成健康生活方式实时管理、体质监测、体

检管理、饮食营养和运动锻炼处方等模块的运动与健康管理平台，为落实国家大卫生、大健康理念和预防为主的政策方针提供智力支持，提高学生实践能力与社会责任感。

三、深入思考

"五抓五育"取得显著成效，但作为高校教师党支部，如何建立长效机制，发挥专业特长，培育高水平人才，提升自身党性，建设坚实的支部堡垒一直是支部建设的关键。确保党建与学科建设高度融合，在于思想制度的融合和多项措施的具体施行。将"立德树人、为党育人、为国育才"的初心和使命贯穿整个学科建设，并将其作为党员教师的行为准则，长期坚持，才能真正做到党建与学科建设同向同行。

（一）坚持不断学习，促进支部教师自身建设，践行教育初心使命

党建应从支部教师自身建设做起。通过推进"两学一做"学习教育，施行"三会一课"党支部生活制度，提升党员自身素养和党性修养，使党员教师全面把握守初心、担使命、找差距、抓落实的总要求，把主题教育与基本业务紧密结合，乐教乐育。支部老党员应以身作则，模范引领，主动帮扶培训青年教师，培养教学能手、科研尖子、学术骨干成长为优秀的共产党员，同时把专业基础好的党员教师培养发展为教学科研骨干。

（二）多措并举求真务实，加强支部建设，强化支部堡垒作用

支部建设过程中，应加强支部制度建设、思想建设和团队建设，实现常规学习制度化，思想建设系统化，团队建设先进化。通过开展"支部书记讲党课"，参加主题教育活动，培育团结奋进、勇于担当的团队文化，增强党支部的凝聚力。严格用党章党规规范党员行为，营造良好的政治生态。把纪律和规矩挺在前面，支部党员带头遵守师德规范、践行学术道德、严守纪律底线。坚持政治学习与业务学习相结合，培养支部党员争做立德树人的模范，发扬"西部红烛精神"，发挥支部的堡垒作用。

（三）提升教学科研能力，奠基体育人才培养，促进党建与学科建设同向同行

支部教师在加强思想建设的同时，要高度重视教学科研能力的提升，两手抓两手硬，实现科研—教学成果转化机制。通过教学改革、课程思政建设、学术研究和研究生培养等工作，紧贴服务健康中国和人才培养主线，不断提高人才培养质量，真正将学科专业融入"健康中国"的行动。

推进"三位一体"融合发展
——海南大学法学院教工第二党支部创建工作特色案例

刘云亮

一、支部简介

海南大学法学院教工第二党支部现有党员 21 名,主要是法学院国际法、经济法教研室的党员教师。支部书记刘云亮教授是教育部第二批高校"双带头人"教师党支部书记工作室负责人、海南大学法学院经济法学科带头人,副书记是王秀卫教授,组织委员是任洪涛副教授,宣传委员是魏德才副教授,纪检委员是刘亚丽讲师。党支部有教授 9 名,其中 3 名二级教授、3 名三级教授,副教授有 7 名,讲师有 5 名。支部成员有高级职称者占 80% 以上;有博士学位者 16 名,占 80% 以上;3 名教授是法学二级学科带头人,2 名是教研室主任,博士研究生导师有 9 名;另有 1 名博士研究生导师已被列为入党积极分子学习班学员,学习党课。

二、特色经验

(一)政治建设与教学科研相结合

支部充分利用"周二主题党日",组织学习习近平总书记"4·13"讲话、在庆祝中华人民共和国成立 70 周年大会上的讲话等,学习党的十九届四中全会精神等;组织党员学习党中央有关抗击新冠疫情的文件;采取集中学习、上党课、支部微信群学习讨论、自学等方式,开展"三全育人"等活动,以党建促科研,成果丰硕。

以邹立刚教授为代表的海南大学黄大年式教师团队,积极开展涉海、涉法问题研究,取得了丰硕的科研成果。邹立刚教授的团队是首批全国高校黄大年式教师团队,邹立刚教授曾获"全国模范教师""全国优秀教师"等荣誉,2019 年 9 月受到习近平总书记等党和国家领导人的亲切接见。本支部近 5 年获国家社科立项课题 11 项,其中重大课题项目 3 项,部级涉海课题 10 项,省级涉海项目 12 项,科研经费 230 多万元,发表论文

100余篇，提交研究报告20多份，其中2份获得习近平总书记批示，还有不少研究报告得到相关领导的参阅和批示。参与有关部门草拟或修订《中华人民共和国海洋基本法》《中华人民共和国海洋环境保护法》等4部法律。截至2018年6月支部党员已有三分之二获得国家社科基金课题立项，2019年又有3项获国家社科基金立项。

（二）党组织建设与教师队伍建设相结合

支部为规范和强化支部组织建设，2019年10月，根据上级党委决定，将支部原民商法教研室的党员教师分离出去后，形成以经济法、国际法专业党员教师为主的结构，更加凸显服务自贸港法治建设、南海维权的党支部特色。支部坚持支委集体领导，强化支部书记负责制，分工明确，各尽其职，团结协作，开展支部党建工作，增强了支部的凝聚力和战斗力。

支部落实党支部规范化建设工作，增进支部委员紧密合作，团结党员，共同进步。支委会认真组织学习有关党支部建设的文件，强化学习交流，互相促进，结合支部成员的专业背景和实际需求，创新党课教育形式和内容，保障全体党员政治思想与教学科研工作共同进步。

支部配齐党支部工作台账资料，完善支部组织工作记录、档案管理，推进智慧党建，做好党员年度测评、民主评议工作等，组织年度教学研讨会，坚持过好民主生活会，接受支委委员相互批评建议和党员同志批评、建议、监督，推进党支部标准化、规范化建设。

（三）思想建设与教书育人相结合

支部坚持立德树人、德法兼修，抓好法治人才培养，重点突出教书育人。邹立刚教授2019年荣获"全国模范教师"称号并获得习近平总书记等领导人接见，指导的多名毕业生的毕业论文被评为海南省优秀硕士学位论文、海南省优秀博士学位论文。刘云亮同志指导研究生谈旺玉撰写的论文《三亚市"外嫁女"征地补偿纠纷司法解决的调研报告》荣获全国法律专业学位研究生优秀学位论文一等奖，并为2020届毕业生做"拥抱自贸港，迎接新时代"就业形势报告会。2020年10月，刘云亮同志给支部党员讲授"自贸港总体方案解读"党课。2020年5月，刘云亮同志报名参加迎接返校学生的志愿者服务活动。

支部围绕法学专业教育教学，开展专业课教学大比武、党员示范课，通过集体备课会、教学督导、看课听课、指导学生实践创新等活动，推进法学教学改革，实现"立德树人"目的。魏德才同志指导法学院代表队赴牛津大学参加第十届普莱斯传媒法国际模拟法庭全球总决赛。党委书记叶英萍教授获得"宝钢"优秀教师称号，2021年5月荣获第八届高等学校科学研究优秀成果奖（人文社会科学）一等奖；组织学院将思政内容融入法学课程工作，"诊所法律教育"课程获教育部首批国家级一流本科课程认定。王秀卫教授指导学生开展砗磲保护等课题调研。刘道远同志指导学生撰写的论文，荣获中国法学会证券法学研究会优秀奖。王秀卫教授指导学生2021年5月获第十届"挑战杯"海南省大学生课外学术科技作品竞赛一等奖。

（四）发挥党支部书记"双带头人"作用

支部书记"双带头人"刘云亮教授，有坚定正确的政治立场，坚决执行学校、学院党委指示。刘书记党龄36年，教龄33年，党龄长，党性强，讲正气，有原则，政治觉悟高，专业能力强，多次获得海南大学"优秀共产党员""优秀班主任""优秀实习指导教师"和"先进工作者"等荣誉称号，2017年与2018年指导学生的研究生毕业论文，连续两次获评省优秀硕士学位论文。2020年10月，海南省教育厅批准"海南大学法学院教工第二党支部刘云亮书记工作室"建设立项。

在学校、学院党委领导和关怀下，2020年10月支部获得省教育厅"双带头人"支部书记工作室建设立项支持，这激励和鞭策了支部加倍努力工作。2021年1月支部获得教育部第二批高校"双带头人"教师党支部书记工作室建设立项。支部先后开展《海南自由贸易港法（草案）》研讨会，举行庆祝建党100周年暨学党史座谈会，座谈会主题是"学党史·探究自贸港制度集成创新法治"，"双带头人"工作有序推进。

三、深入思考

（一）党建工作与教研室建设融合发展

支部组织党员教师围绕涉海法律、自由贸易港法律、生态文明法治等法律问题，融合交流学习；组织学习习近平总书记有关建设海南自贸港重要指示和《海南自由贸易港建设总体方案》，组织举办"解读《海南自由贸易港建设总体方案》"报告会。教研室组织教师开展课程思政教师研讨会，党支部与教研室联合开展有关教学工作、课程建设、科研热点动态交流等活动，促进党建、教学工作、科研活动三大融合发展。

（二）政治思想教育与海南"三区一中心"国家战略、学科团队建设融合发展

支部紧密结合推进实施海南"三区一中心"国家战略，认真组织学习《海南自由贸易港建设总体方案》，提高党员教师政治站位，强化政治引领力，服务自贸港、国际旅游消费中心等战略需求；充分依托海南省南海政策与法律研究中心、中国特色自由贸易港研究院等科研平台，积极申报与国家战略密切相关的国家社科课题，打造组建自贸港法治研究团队，开展相关课题研究，服务海南"三区一中心"国家战略实施的法治建设。

（三）课程思政与人才培养融合发展

坚持双向提升。支部书记、委员参加课程思政培训教育，提升课程思政业务能力，做到课程思政与人才培养教学工作双促进、双提高。支部组织开展"专业课程建设讨论会""教学大比武""一堂好课""科研课题申报论证会"，开展线上授课方法交流，提高线上教学质量。

注重分类指引。支部引导教师聚焦"立德树人""三全育人"，培养德智体美劳全面发展的社会主义的建设者和接班人；党员教师承担更多学生管理工作，坚守教书育人第一线。支部党员除认真完成常规教学任务以外，还主动参与学生管理工作。

联动共建增实效 奏响党建新弦歌
——中央民族大学马克思主义学院教工第一党支部创建工作特色案例

刘 寒 汤 洁 狄鸿旭

一、支部简介

中央民族大学马克思主义学院教工第一党支部目前共有党员16名，其中有高级职称的有7人，正高职称教师3人，副高职称教师4人；思想政治理论课专任教师14人，行政工作人员2人；有博士学位者14人，占支部党员人数的87.5%。支部杨宗丽同志曾获"全国模范教师""北京市教学名师""北京市师德榜样"等荣誉称号；孙英同志曾获"北京市师德先锋""首批北京高校思想政治理论课特级教授""北京市宣传文化系统'四个一批'人才""教育部高校思政课教师2016年度影响力人物"等荣誉称号。支部于2018年被评为教育部首批"全国党建工作样板支部培育创建单位"。

支部始终以政治建设为"总统领"，抓住思想建设这一"生命线"，推进组织建设这一"细胞工程"，把握纪律建设这一"护身符"，打造制度建设这一"金钥匙"，探索工作新方法，建立工作新机制，开创工作新模式。支部在加强功能定位、推动实现党建工作与学科建设工作、教研中心工作的互融互进等方面开展有益尝试，做到教育党员有力、管理党员有力、监督党员有力、组织师生有力、宣传师生有力、凝聚师生有力、服务师生有力，全力夯实工作基础，全面提升党建水平，取得系列工作实效。

二、特色经验

（一）党建教研一体化、集体备课制度化、课程思政实效化

支部整合思想政治教育、中国近现代史基本问题研究2个学科点和思想道德修养与法律基础、中国近现代史纲要、形势与政策3个教研中心的力量，创建党建与教学、科研一体化新模式，引领教师将思想政治理论教

学、马克思主义理论研究尤其是习近平新时代中国特色社会主义思想学习研究，与党支部的"三会一课"、党日活动、主题教育学习研讨、组织生活会等相结合，形成以党建引领并促进教学科研的工作特色。

支部督促党员以课程为单位加强集体备课，形成集体备课的执行和监督检查机制。各教研中心每学期至少开展4次集体备课会，完成每学期每门课新思想与至少20个课程知识点的深度融合。支部成员总结新时代新思想融入课堂的成效经验，形成教学研究和实践成果，有效增强了教师驾驭课堂教学的本领，突出了党支部对教学工作的指导作用。支部建立传帮带机制，以老带新，为青年教师业务学习创造条件。

支部联合学校其他院系专业课教师共同打造课程思政体系，拓展支部党建的对象和范围。在学院党总支统筹安排下，支部积极引导党员教师发挥自身优势，与专业课程教师自愿结对，携手打造课程思政的大格局，将思想政治教育的主渠道和专业渠道有机结合，形成人才培养合力，推动课程思政实效化。支部还努力探索大、中、小学思政课教学的一体化建设模式，重点围绕学校附中教育集团的思想政治教学工作和基础教育阶段学生特点，优化大学思想政治理论课的教学内容和表现形式，提升思政课程与思政教师的亲和力。

2018年以来，党支部在引领以基础、纲要和形势与政策教研三个教研中心为主体的党员教师的教学技能水平提升建设等方面，发挥了积极作用，支部教师多次在各级各类教学技能比赛和教学成果评比中获奖，支部党员在学生评教中普遍获得好评，涌现出以杨宗丽和孙英等同志为代表的多名站稳讲台、引领思政课建设的优秀教师。

（二）理论学习有制度保障，理论研究有成果产出

作为马克思主义理论专业研究团队，党支部形成了集中组织支部党员参加专题讲座、经验介绍、理论宣讲的制度。该制度实行线上、线下结合学，利用国家、北京市和兄弟院校等在线课堂资源，形成自学和交流的氛围；通过网络社交平台，组织党员对时政热点、理论动态等展开研讨，形成关注和思考热点的习惯；结合学术研究深入推进学，特别是依托学院经典读书会、青年论坛等品牌学术活动，聆听专家解读经典，共同探讨研究，提升理论反思和知识再生产的能力。

支部通过与各级各类媒体和学术期刊建立联系，为党员进行理论产出联系和建设发声平台。支部党员在国内外主要媒体和核心期刊发表成果的数量和质量持续提升，社会影响力不断扩大。据不完全统计，自2018年

来，支部党员在《人民日报》《光明日报》《经济日报》《红旗文稿》等权威理论阵地发表文章共计25篇，在学术期刊发表文章共计60余篇，其中CSSCI共计40余篇，被人大复印资料全文转载共计8篇。支部党员目前在研国家社科基金项目5项，省部级项目10余项，校级项目20余项。

（三）理论宣讲全参与、共建平台拓渠道、社会调研结硕果

理论宣讲是马克思主义理论工作者的职责所在，服务社会是高等院校的基本职能之一。支部探索建立党员通过服务社会深化践行初心使命的制度，既面向校内，更走到校外。在校内，贯彻群众路线，支部通过调研院系、调研学生，针对院系在党团教育、学生在课程学习等方面的实际需求，支部组织"备好一堂党课""讲好几个知识点"，提升党员教师服务师生的实际能力；同时，支部组织中青年骨干教师，结合个人研究方向、时事政治热点，精心设计了时代引领、历史育人、思想浸润等几个主题的党课，为校内各院系开展党支部建设、党员学习等活动提供支持。在校外，支部一是发挥知名教授的影响力，多渠道传播正能量；二是充分运用对外交流联系渠道，依托学院在各地（民族地区）建立的实习基地和与各类团体、组织缔结的共建关系，主动送教上门，进行理论宣讲、调研交流等，发挥建言咨询和理论引领作用。

经过积极引领，支部杨宗丽同志打造了面向校内外青年教师成长的师德建设系列讲座和面向青少年成长的京华历史文化系列讲座；孙英同志打造了面向各高校的马克思主义理论学科建设讲座和面向干部的初心使命观讲座。支部书记汤洁同志着力打造建设了与北方工业大学建筑与艺术设计学院教师党支部等校外共建单位的理论宣讲和工作交流平台，逐渐形成成熟的工作模式和良好的工作品牌。

支部全体同志都参与完成了校内各院系的党团建设宣讲，积极参与并圆满完成了近年来北京市委等上级单位委托的赴基层、进社区理论宣讲任务。此外，不少支部成员还承担了宁夏、内蒙古、北京市等地的各类理论宣讲阐释任务，并围绕民族地区法治建设、生态环境保护、社会治理等领域，进行深入调研，开展资政建言，为地区发展献计献策。据不完全统计，支部党员自2018年以来，全员开展理论宣讲共计100余次，服务能力和辐射作用大幅提升。

此外，支部党员牵头在黑龙江牡丹江市、四川雅安市、新疆昌吉州、贵州黔南州、广西钦州市、广西钟山县、广东江门市等边疆和少数民族地区建立社会实践调研基地7个，开展民族团结进步和民族团结教育相关课

题研究，带领学生到实践基地开展实践教学，为当地政府的民族团结进步政策的制定和实施建言献策，形成的社会实践报告获评首都高校思想政治教育社会实践优秀调研报告。支部党员孙英、杨宗丽等同志多次在社会实践基地为地方党委中心组学习授课，为少数民族地区干部队伍培养贡献智慧。

三、深入思考

作为高校基层党组织，支部将严格遵照执行修订后的《中国共产党普通高校基层组织工作条例》，着重从以下方面加强自身建设，发挥战斗堡垒作用。

（一）理念先行：秉承"融合、保障、引领"的工作总思路总理念

支部坚持自身建设与人才培养、科学研究、社会服务、文化传承创新、交流合作等深度融合；为学校"双一流"建设和学院建设提供思想保证、政治保证、组织保证；落实立德树人根本任务，发挥教育、管理、监督党员和组织、宣传、凝聚、服务师生的作用，切实起到并提升思想和政治引领作用。

（二）制度配套：构建"现代、科学、合理、高效、人性"的工作制度

先进理念须有先进制度相随。支部将努力探索工作制度创新和优化：充分利用信息网络技术、资源和平台，增强支部工作的现代性、科学性和高效性，推进工作形式多样化；实行集体领导、民主集中、个别酝酿、会议决定，落实"一个支部一个目标，一个党员一个任务"，强化分工，确保每位党员切实履行职责，推进支部工作制度合理化；充分尊重党员教师意见和工作习惯，实现党建工作与业务工作相协调相配合，增强对师生的关怀，推进支部工作的人性化。

（三）人员到位：打造一支"党性强、业务精、肯奉献"的硬核党员教师队伍

支部建设最终靠的是人。支部将以强化师德师风建设为抓手，提升支部党员党性修养，加强作风建设；发挥学科和专业优势与特色，将党建任务融入教学科研管理任务，以党建工作促业务精进；着重发挥支部内部优秀党员的先锋模范作用，引领带动支部全体党员的进步与提升，提高全员奉献力。

（四）实干为本：以"六大建设"实现"七个有力"

支部工作最终检验标准为实效，实效源于实干。支部将继续依托自身专长与特点，以政治建设为统领，思想、组织、作风、纪律、制度建设全面发力，具体做到：以党史学习教育为主线，加强支部思想政治建设；以守好思政课堂阵地为着力点，推进支部业务能力建设；以强化师德师风建设为抓手，提升支部作风和纪律建设；以队伍优化重组为载体，助推支部组织和制度建设；以交往交流为契机，增强支部辐射力，切实做到教育、管理、监督和组织、宣传、凝聚、服务师生有力，并把立德树人成效作为检验支部党建工作的根本标准。

群策群力　发挥才智
推动支部工作创新发展
——中南民族大学民族学与社会学学院社会学社会工作教师党支部创建工作特色案例

王振威

一、支部简介

中南民族大学民族学与社会学学院社会学社会工作教师党支部严格按照党章，在上级党组织的领导下，积极开展各项支部活动，深入推进"两学一做"工作，学习党的十九届五中全会精神。支部党员紧密团结在以习近平同志为核心的党中央周围，践行习近平新时代中国特色社会主义思想，将党建工作和业务工作有机结合起来。在推进制度和实践层面的创新和探索方面，支部成员轮流上党课，支部实行支部成员会议签到制度，支部开展形式多样化的党建活动，等等。2018年度获得校级先进党支部荣誉称号，2020年被确定为首批校级样板支部。在七一建党节前夕，支部获得了校级党建工作样板支部荣誉称号，并在全校兄弟党支部之间进行了经验交流。

支部共有党员16名，支部成员年龄结构合理，由老、中、青三代党员组成，其中35岁～45岁的中青年党员有12名；知识结构完整，有社会学、社会工作、民族学和心理学各专业的学术背景，拥有博士学位者比例占90%，大部分同志为博士或硕士研究生导师。王振威同志任支部书记兼统战委员和纪检委员，童玉英同志任宣传委员，刘宏宇同志任组织委员，三名同志均为专业技术骨干。学院党委十分重视支部的党建工作，给支部组织工作提供了大量指导及各方面的支持，学院党委委员、副院长储庆同志和唐胡浩同志都以普通党员身份参与支部活动。

二、特色经验

（一）支部工作的制度化、规范化建设

1. 让过组织生活成为习惯。支部在标准化、规范化、制度化建设方面取得了一定的成效，许多党建活动在上级党委的指导下有条不紊地进行，并且取得了良好的活动效果。通过前期的抄党章、学准则、习条例等活动，支部成员已经基本上将相关内容内化于心并用以指导自己的行动，大家非常认真和积极地履行党员义务。如党员同志每月按时自觉积极缴纳党费，以及参加"三会一课"活动都已经成为一种习惯，甚至当组织活动计划因故推延时，同志们会主动过问提醒。此外，支部还在稳定的工作模式基础上，结合支部发展的状况和支部成员的需求，对组织生活进行适当的创新。

2. 开展组织活动形式多样化。按照上级党委的指导要求，支部的主题党日活动和组织生活会始终正常开展。近年来，支部始终遵循党建统领一切的原则，并结合教工支部党员的特点，着重把与教师职业以及高校教育教学工作相关的党建内容作为主题党日活动的重点来开展。支部党员同志努力发挥社会学专业的优势，关怀社会弱势群体，将专业与党建紧密地联系在一起。在主题党日学习中，除了学习党章、纪律处分条例、党内监督条例和廉洁自律准则之外，还把全国教育大会、全国宣传思想工作会议、全国高校思想政治工作会议的内容作为学习重点，在主题党日活动中集中学习。

3. 相互评议不限于一时一地。党员同志相互之间的评议、批评与自我批评，是发现党员问题、提高党员素质的重要措施，能够起到相互提醒、共同进步的重要作用。支部正式的党员民主评议活动每年年终召开一次，按照《中国共产党支部工作条例（试行）》规定，组织党员对照合格党员标准，对照入党誓词，联系个人实际进行党性分析。但是为了表达对同志的关心和爱护，提高党员同志自身的先进性，同志们之间的相互评议不仅会在支部会议上随时进行，也会在日常的专业教学工作场合开展，并不局限于一时一地的民主评议党员专题活动。

（二）支部工作的制度创新

支部在党建工作方面进行了一定的创新，有些是已经成型的，还有一些则是仍处于思考阶段尚未成熟的观点，有待向上级组织汇报批准后

实施。

1. 已经成型的创新性工作措施。

一是支部已经充分使用现代智能网络手段开展相关党建活动。支部建有专门的 QQ 群，常规性的信息沟通和发布会通过 QQ 群进行；"学习强国"APP 的使用更加方便了相关党务活动的开展。在特殊情况下，支部会使用网络投票来开展一些比较重大的组织活动。当然，网络工作方式只是一个辅助手段，支部原则上要求支部会议每个党员必须到现场参加，不能参加的同志则要办理请假手续。支部成员一致认为党员活动应该采用线上与线下相结合的多样化方式来开展，但是开展线下党建活动是加强同志之间凝聚力必不可少的重要方式。

二是开展不同类型支部之间的联合党建活动。支部到目前为止已经和博物馆支部、院行政支部和 2016 级本科生支部联合开展了多次活动，这些支部之间既有专业的差别、又有身份的差别；活动内容涵盖了主题党日、党课学习等多个方面。各支部联合党建活动不仅获得了上级党组织的支持和鼓励，还获得了不同支部成员的一致好评。各支部之间联合党建活动的开展具有很好的效果：首先，增进了不同支部党员之间的联系和感情，用实际行动说明在组织内党员之间都是平等的同志关系；其次，通过了解别的支部的活动开展状况，相互比较寻找差距；再次，通过联合党建活动，各支部之间可以互相学习、互相交流、共同进步。

三是开展形式多样的主题党日活动。以往包括主题党日活动在内的支部工作往往形式单一、内容也比较枯燥，存在着为学习而学习的情况，而较少将学习和实践结合起来。支部在集体讨论的基础上，对先前的党建活动形式进行了一定程度的改变，支部在上级党组织的支持许可下，把党建活动放到校外，放在红色教育基地的田野上，通过别开生面的现场教学和现场体验活动，把对党组织的认识上升到一个新的层次。很多同志表示即便自己承担相关费用来参加此类活动，也是非常乐意的。支部充分利用各种机会随时开展主题党日活动，做到"哪里有党员，党员活动就开展到哪里"。结合支部党员实践性很强的专业特点，在社会学、社会工作专业教师党员带领学生开展社会调查和参加慈善社会工作之时，党员同志们都会适时开展相关主题党日活动，共同探讨和解决相关问题。2019 年 7 月，支部的两位社工党员教师带领部分学生前往四川开展社工专业实践活动期间，就充分发挥了党员同志的作用，将党建与专业实践很好地结合了起来。

2. 正在进行的创新性工作:"专业支部"建设。

学院党委非常支持支部的这项工作设想,并有意在全院推行。但由于学院党委主要负责同志正在贵州挂职锻炼,未能及早启动本项工作,不过学院党委已经有了基本的改革思路,相信很快就能付诸实施。具体做法是按照专业来组建支部,涵盖了教师党员、研究生党员和本科生党员。如果党员数量过多,会通过建立党小组的形式来调整。

三、深入思考

(一)感想

本人担任支部书记两年有余,总体感觉到党建工作虽然有点难,但是只要肯用心也不是不能做好。党建工作的困难主要与党支部书记及支委在实际工作中比较尴尬的地位有关,但是只要支委会尤其是支部书记善于想办法,就总是能够解决这些问题的。高校党支部书记没有"权"也没有"钱",这客观上为支部党建活动带来了困难,但是从实际情况来看,在当前环境下,所有党员的政治热情和政治意识还是很高的,只要是支委会做的决定,普通党员都会积极拥护。因此"支部党建活动搞不好,书记是责任人"这大致是没有错的。在教学中我们说"只有不会教的老师,没有教不好的学生",这同样可以借用到党建活动中,"只有不会搞党建的支部书记,没有不愿参加党建活动的普通党员"。

(二)建议和意见

我作为支部书记非常有幸代表学校参加了本年度的全国高校教师党支部书记"双带头人"高级研修班,和来自全国的优秀基层高校党支部书记们一同学习和交流了一周的时间。各支部书记的经验交流让我触动很大,也让我意识到自己离他们的距离不止一点点,还有很大的学习空间。但是我相信,只要敢想敢干,就一定能够推陈出新,取得很亮丽的成绩。当然,我认为作为一般的党支部,不用非得标新立异,去学习那些"花拳绣腿",按照党章及相关文件按部就班地搞好自己的支部建设工作是最重要的,只要能够保质保量地按照规定做好应做的工作,就能够做到厚积薄发。我们要明白这一点,每一个党员自身在党组织的引导下不断的成长,哪怕是获得点滴成绩,也是在给我们的党支部和党组织建设做贡献。

发挥主体作用　激发"细胞"活力
——西北工业大学航海学院机械与动力工程系党支部创建工作特色案例

李代金

一、支部简介

西北工业大学航海学院机械与动力工程系党支部在深化"两学一做"学习教育活动中，结合学校"双一流"建设和系情、系况，发挥党支部的主体作用，激活"神经末梢"，畅通"毛细血管"，使每名党员和教职工都奋发进取，有力推进了全系中心工作顺利开展。

支部现有教职工 32 人，其中有博士学位者 30 人，有硕士学位者 2 人；教授 8 人，副教授 20 人，讲师 4 人，支部超过一半的党员教师是 80 后年轻人，具有 1 年或多年的海外学习经历的党员超过 80%。支部获陕西省新时代高校党建"双创"工作全省党建工作样板支部，西北工业大学党建工作"标杆党支部""先进基层党组织""先进集体""双带头人"党支部书记李代金工作室等荣誉。

支部于 2020 年 1 月入选陕西省党建工作样板支部培育创建单位，在学校党委领导下和学校党委组织部等相关部门指导下，按照学院党委的安排部署，聚精会神抓党建，殚精竭虑谋发展，通过有特色的党建工作，形成党群齐心奔一流的合力。

二、特色经验

随着学校"双一流"建设的实施和人事制度改革的深化，教职工普遍感到肩膀上的担子重了，压力大了，承担教学科研任务的积极性空前高涨。但支部在实际工作中发现，系教师中尚存在忙闲不均的现象。骨干教师普遍教学和科研任务很重，压力很大，甚至加班加点也忙不过来；个别教师教学任务相对较轻，科研任务较少，甚至没有进入科研团队，单打独斗。如何通过支部的主体作用和党员的帮带，盘活全系人力资源，使工量不够饱满的同志的任务多起来，形成人人工作量饱满、个个争创佳绩的局面，是摆在党支部面前的一个现实挑战。

面对挑战，支部在下功夫大面积访谈的基础上进行了深入研究，认为形成上述局面：一是历史原因，科研工作有其自身的延续性和发展规律，承担科研任务多的教师及团队会在自己的研究领域不断深入，发现新问题，开辟新研究方向，创立新研究课题，产生"雪球"效应；而单打独斗的教师，一般只承担一些小课题，课题之间衔接性差，不能形成自己的研究方向和优势，课题越做越少，难以争取到较多的课题。二是主观原因，工作量不够饱满的同志一般都是教学任务较多，科研任务较少，对教学和科研相互促进的重要性缺乏认识，加之获得科研项目有一定难度，一次两次争取不到就自我放弃。三是组织原因，组建团队时，因过多自然形成的因素，这些同志没能被吸纳进课题团队。

支部对症下药，采取三项措施：一是发挥党员的帮带作用，激发"细胞"活力。支部以"两学一做"学习教育活动为契机，创新党员教育形式，增强学习教育活动的吸引力和实效性。支部委员强化政治理论学习，深入党建工作研究，做党建工作"排头兵"。近两年，参加党建工作培训学习超过240学时，参加主题研讨30余次，撰写学习心得12篇，申报党建相关研究课题7项。支部努力打造"掌上课堂"和"红色课堂"，通过网络、微信客户端等媒体及时推送学习内容，做好党员的思想武装和教职工的思想教育。支部严格落实"三会一课"制度，创新"主题党日＋"学习模式；组织全体党员观看爱国题材电影，锤炼教工党性；参观渭华起义纪念馆，缅怀革命先烈；参观航天测控装备博物馆，学习航天精神；参观华阳古镇"川陕革命纪念馆"，饮水思源；赴梁家河，寻找"初心"；到杨家岭"七大"旧址宣誓；重走古路坝西北联大旧址等，通过组织系列特色党日活动，号召教工"初心照亮未来，使命呼唤担当"，对教师进行爱国主义教育、革命传统教育、中华传统美德教育，引导教师将德育渗透到教育教学的各个环节，引导党员和教师发挥主观能动性，在"双一流"建设中建功立业。二是发挥党支部的主体作用，配合系行政协调现有教学科研团队负责人，鼓励团队发挥帮带作用，将工作量不够饱满的同志吸纳进团队，按照其专业特长分配任务，使其在实际科研中得到锻炼。三是在教师承接新的科研任务、组建新团队时，党支部不失时机地做好协调工作，使课题组尽可能地把工作量不够饱满的同志吸纳进去，充分发挥每一名教师的工作积极性和创造力。

2018年初，机械与动力工程系承接了中国科学院的一个科研任务，该项目是目前中国基础科学领域最大的国际合作项目"江门中微子实验"中的子项目，应用于地下700m烷基苯溶液中的ROV系统，技术难度大、创新性强，应用环境复杂，涉及多个学科专业的交叉。在组建研究团队时，支部通过与课题负责人多次协商，使其有意识地将多个"散户"教师吸收进团队。一方面，这些同志有了大显身手的机会，提升了集体归属感；另一方面，团队人员的知识结构更趋合理。经过两年多的磨合和拼搏，该团队攻克了一个个技术难关，实现了预期目标，其实验样机与国内外同类产品相比具有独创性。更为重要的是，极大增强了党支部的凝聚力和向心力。

经过努力，支部党员在教学和科研方面取得了显著成绩，涌现出长江学者特聘教授1人，中组部青年拔尖人才2人，军委科技委某主题首席科学家1人，173首席科学家2人，教育部新世纪优秀人才支持计划2人，陕西省教学名师1人，陕西省科技新星1人，陕西省"五四青年奖章"获得者1人，宝钢优秀教师特等奖提名奖1人；多人获得西北工业大学"优秀指导教师""优秀班主任""优秀党员"等称号。支部党员获得国家科技进步二等奖2项，省部级科技一等奖6项，人均年科研经费超过150万元。

三、深入思考

在中国共产党成立100周年之际，总结党建工作经验，对推动全面从严治党向纵深发展意义重大。

（一）强化政治理论学习，提高党员政治站位

新时代党的建设总目标对党员提出了更新、更高的要求，必须具备优良的政治业务素质和政策理论素养。思想是行动的先导和引领，只有理论上清醒，政治上才能坚定，行动上才能自觉。习近平新时代中国特色社会主义思想是党的十九大精神的灵魂和主线，是新时代中国共产党人的精神旗帜。深入学习贯彻习近平新时代中国特色社会主义思想和党的十九大精神，在学懂弄通做实上下功夫，持续用力、不断深化、落地见效。推动思政课程与课程思政同向同行，推动习近平新时代中国特色社会主义思想进课堂，为专业课程注入"红色引擎"。持续推进"两学一做"学习教育常态化、制度化，组织开展好"不忘初心、牢记使命"主题教育，引导广大党员悟初心、守初心、践初心，将学到的理论和思考的结果用来指导实践，实现发展。

(二）深入党建规律研究，兢业务实规范党建

当前，高校党建工作面临着诸多新情况、新问题，也面临着前所未有的机遇与挑战。作为高校党务工作者，既要懂得教学和科研的规律，又要研究规范党建工作，做到兢业务实，才能成为党建工作的内行。严肃党的组织生活，推动"三会一课"、民主生活会、领导干部双重组织生活、民主评议党员、谈心谈话等基本制度全面落实落地，解决党内政治生活庸俗化、随意化、平淡化问题，把基层党组织建设成为宣传党的主张、贯彻党的决定、领导基层治理、团结动员群众、推动改革发展的坚强战斗堡垒。

(三）真抓实干守正创新，多措并举"活""动"党建

创新是一个政党永葆生机的力量源泉，依托一定载体实现党建工作的引领功能，使其转化为鲜活的实践工作，发挥出积极作用。紧紧抓住"两学一做"学习教育常态化制度化的契机，以支部主题党日为抓手，打破以往开会、学习、讨论的固定模式，创新"主题党日＋"学习模式，让组织生活"活"起来、"动"起来，多措并举，不断创新主题党日形式，凝心聚力，为党日活动注入新的活力和动力。

(四）强化政治功能促发展，围绕大局引领党建

抓党建就是抓发展，把服务中心、服务大局作为党支部工作的出发点和落脚点，坚决防止党建和业务"两张皮"现象。把党建工作和业务工作同部署、同安排、同落实，以党建促发展，以党建保发展。坚持以人才培养、教学科研为中心，找准工作切入点和着力点，把党建工作主动融入教育、教学、科研、管理、服务等各项工作中去。着力提高基层党建工作的针对性，使高校党建工作的整体思路更加适应新时期党建工作的新要求。

红色引领 以"弦"为轨 厚积薄发 箭在弦上
——天津音乐学院管弦系教师党支部创建工作特色案例

宋 强 郭伟强

一、支部介绍

天津音乐学院管弦系教师党支部成立于2017年，现有党员9名，是一支具有高学历、高艺术水准的基层党建队伍。目前，支部1人获院级优秀共产党员称号，1人获院级优秀教师称号。党支部在院党委和系党总支的领导下，以"立德树人"为根本任务，在党员思想建设、模范作用发挥、师生群众服务、优秀文化传播等方面下功夫，积极探索"党建+"工作模式。通过围绕支部工作"七个有力"和新时代教学发展任务，支部结合专业特色，摸索出一套"一二三四"工作法，即以"红色+音乐"为引领，发挥先锋模范、教书育人两作用，打造教学科研、艺术实践、创新发展三阵地，建设党员、教师、服务、文化宣传四支队伍，形成了以"弦"为轨，四个"箭"在"弦"上的工作特色，以人民喜爱的艺术传递党员初心和梦想。通过该工作法，凝思想、明方向，使党员教育"活"起来、党员思想"强"起来、党员模范"动"起来、群众民心"聚"起来、后备人才"跟"上来，全面加强支部建设，切实在文艺及教育战线上发挥基层战斗堡垒作用。2021年1月，党支部顺利通过首批全国党建工作样板支部培育创建单位验收。

二、特色经验

（一）抓实工作方法 理清党建思路

1. 凝聚思想是引领，以"红色+音乐"为引领，理清"为什么做"的问题。支部以习近平新时代中国特色社会主义思想为指导，始终将思想政治建设摆在首位，注重政治引领，突出红色主题。用红色主题引领红色音乐，营造红色氛围，讲述红色文化，引导支部党员牢固树立"四个意识"，坚定"四个自信"，坚决做到"两个维护"，自觉践行社会主义核心价值观。

2. 作用发挥是关键，发挥先锋模范、教书育人两作用，理清"我是谁"的问题。教师党支部每名党员都具备党员和教师两重身份。支部教育党员坚守党员初心使命、践行先锋模范的同时，要以"四有好老师"的标准，做到"四个相统一"，做好"四个引路人"，以崇高的理想信念立德树人，以榜样先锋的行动以德化人，培养德智体美劳全面发展的社会主义建设者和接班人。

3. 平台建设是阵地，打造教学科研、艺术实践、创新发展三阵地，理清"有什么"的问题。支部紧抓党建引领教学，以"弦"为轨，以三阵地为战斗平台，积极服务中心工作，实践"双带头"工程，实现党建业务双融双促。

4. 队伍责任是基础，建设党员、教师、服务、文化宣传四支队伍，理清"要做什么"的问题。明确建设目标，明晰工作任务，引导党员在不同角色中创新进取、担当作为。

（二）以"弦"为轨　箭在弦上

1. 支部"建"设在"弦"上，学习是引领。支部始终坚持自学与集中学习相结合、学习与宣讲相结合等学习方式，充分调动党员学习的主观能动性，"三会一课"制度规范落实，党员结合自身专业特色讲述"我的梦想"，引领党员忆初心；围绕专业建设开展"党员一课"等活动，引领党员知使命。支部扎实开展"不忘初心、牢记使命"主题教育，严格按照"六个一"要求制订学习计划，开展了包括被命名为天津市教育系统"创最佳党日"优秀活动的"初心巡音、反哺社会"的主题党日活动暨主题教育志愿服务活动等一系列具有专业特色的主题党日活动。支部深入开展党史学习教育，开展"读书会""研习班"等活动，将党史学习教育中的"我为群众办实事"活动聚焦青少年，以音乐教育资源支持的形式将音乐情景式党课送进青少年课堂。多种形式的结合，化党员"被动听"为"主动学"，提高党员学习的积极性。

2. 思想关"键"在"弦"上，历史是源泉。支部积极服务中心工作，以思想为引领，融合专业特色，摸索课程思政，形成了"教师引领""中国作品""党的历程""优秀传统文化"四位一体的授课模式。教师树立榜样，将思政元素融入中国作品的学习中，引领学生树立正确的理想信念，坚定爱国之心，报国之志。形成了管弦系思政进课堂教学模式。教师在指导学生的过程中教学相长，成为学生的榜样，引领教学发展和学生成长，其中"室内乐演奏"课程被认定为天津市2021年本科课程思政示范课程。

3. 行动实"践"在"弦"上，实践是检验。学习要与实践相结合，最终在实践中检验学习。支部党员通过理论学习，提升了理想信念，提高了政治站位。艺术实践也是支部凝聚力和吸引力的重要战场。支部始终将党建与业务相结合，发挥艺术实践阵地优势，促进党建与业务双发展，在重大活动时，成立临时党支部，组建室内乐先锋队，将党员安排在乐队及室内乐团的重要岗位上，激发党员业务干劲，既实现了业务优势引领，也起到帮扶带动作用，更发挥了党员先锋模范作用。在支部影响力和先锋模范作用的感染下，吸引"双高"教师主动向党组织靠拢。管弦系党员参加学术交流、担任赛事评委等30余次，师生获奖60余项。支部通过一系列社会艺术实践，展现党员风采，检验学习成果，吸引后备人才，团结人民群众。

4. 先锋模范"箭"在"弦"上，作用发挥是根本。学习的目的在于作用的发挥，支部引导党员积极发挥先锋模范作用。2020年春季，为抗击新冠疫情，支部党员进社区服务，捐款捐物，做到"停课不停学"；积极参与天音"成长守护"行动，持续为医护人员的子女开展线上音乐公益家教服务，累计授课时长千余分钟；举办"以'艺'抗'疫'，致敬英雄"慰问音乐会致敬白衣战士，向英雄致敬的同时，学习和弘扬伟大抗疫精神。

（三）党建引领　创新发展

1. 支部以党建为引领，积极开展国际交流，践行文化自信。2019年7月，管弦系教师党支部宋强和赵扬同志应邀赴意大利进行学术访问，并在罗马剧院举办了个人独奏音乐会。以"中意友好，文化交融"为主题，践行"一带一路"，为中意友好添上浓重的一笔，为中意文化交流做出了贡献。人民日报海外网、《新华时报》、意大利《新华联合时报》作了主题为"意大利响起《伟大的北京》"的报道。2019年9月，管弦系教师党支部宋强和张云昕同志赴里约热内卢联邦大学音乐学院进行学术访问，并向该学院赠送了中国小提琴作品乐谱。

2. 以微信公众号为载体，创新宣传形式。党支部建立了"管弦先锋"微信公众号，创建"党建园地、e术之家、教学科研"三个板块，丰富党建学习与宣传形式，展现支部党员风采。支部成员制作了"坚持梦想，不懈奋斗，我们与你在一起"系列微课堂，发挥专业特色，在讲授音乐基本知识的同时教育引导青年学生坚持梦想、不懈奋斗、坚定信念、砥砺前行。公众号开通一年以来,总用户数7423,共发布文章30余篇,累计阅读量1.4万余次,单篇阅读量最多的达3398次。

支部充分利用"一二三四"工作法,从工作实际出发,以党建主线全面引领科研实践和业务的创新发展,切实起到基层党支部领航作用。

三、深入思考

(一)坚持学思辨相结合,是提升思想的重要手段

支部始终将思想政治建设摆在首位,不断提升党员自身价值,强化政治担当,提高政治站位,增强党员教师的使命感和责任感。学习是强化思想的首要途径,但空洞地学、生硬地学就失去了学习的意义。在学习中,支部结合日常工作,采取灵活多变的学习形式、学习场景,结合实际工作和党日活动,调动党员的主观能动性。使党员在学习中思考,在思考中学习,学思辨相结合,化党员学习为主动学,党员行动为主动做。这种方式既达到了提升思想的目的,也发挥了党员先锋模范作用。

(二)坚持德艺双馨,是音乐艺术类院校教书育人的目标

立德树人是高校的根本任务,"习艺先习德"是音乐学习的精髓。支部充分认识自身专业性质及特色,以德为先,以专业优势配合党建工作,并积极服务中心工作。支部通过党员教师的引领,以专业特色营造红色氛围,打造党员服务、教育、作用发挥平台,围绕专业特色,以党建促德育,以德育促教育,积极探索课程思政模式,借此培养德艺双馨的专业艺术人才。

(三)党支部书记"双带头",是支部建设的保障

党建是方向,业务是方法,正确的方向引领方法才能培养德智体美劳全面发展的中国特色社会主义建设者和接班人。支部书记作为第一责任人,要不断学习,时刻加强党建和业务本领,以党员自身优势引导主观能动性的发挥,更要党建业务"双精通",做到明方向、知方法,确保党建和中心工作的双建双促。

初心如磐,使命在肩。支部将持续加强政治建设,以"七个有力"为抓手,不忘立德树人初心,牢记为党育人、为国育才使命,为建设双一流、高水平音乐艺术院校不懈努力,为实现中华民族伟大复兴的中国梦不懈奋斗。

发挥高知群体优势　锻造特色党建品牌以党建提升为"双一流"建设提供有力支撑
——河北工程大学信息与电气工程学院教师第一党支部创建工作特色案例

吴　迪

一、支部简介

河北工程大学信息与电气工程学院教师第一党支部坚持党建引领,以"双带头人"培育工程、"本科生导师制"和"课程思政"为典型案例,创造性地开展一系列党建"双创"工作。支部书记负责的"基于'双带头人'培育工程的高校党建'双创'工作模式研究"课题作为河北省高校党建研究重点课题,获河北省高校党建研究会一等奖,项目"发挥样本支部先锋模范作用,做好课程思政大文章"获河北工程大学第七届思想政治工作创新案例三等奖。

支部现有党员9名,其中,有博士学位的有6人(含博士在读1人),教授1人,副教授3人,是一支以中青年党员为主体的、科研能力强、精诚团结的研究团队,曾获河北工程大学先进基层党组织、河北工程大学首批"双带头人"教师党支部书记工作室等荣誉。在学校党委领导下和学校党委组织部等相关部门指导下,支部紧紧围绕学校、学院党委中心工作,不断提高科研素养、激发科研能力,向标杆看齐,以饱满的热情,奋力完成各项科研任务,为学校"双一流"高水平大学建设贡献力量。2021年5月,信息与电气工程学院教工第一党支部吴迪工作室已顺利通过验收。

自2018年12月获批首批全国党建工作样板支部培育创建单位以来,支部积极组织实施"对标争先"建设计划,从实施党建研究计划、"三会一课"质量提升计划、本科生导师制和科研"聚力工程"等多个维度,围绕"七个有力",探索与实践高校教师党支部党建"双创"工作模式,并于2021年1月通过验收。

二、特色经验

(一) 实施"三会一课"质量提升计划,严肃政治生活

支部以增强支部组织生活活力为目标,以习近平新时代中国特色社会主义思想为指导,全面贯彻落实党的十九大精神,扎实推进"两学一做",落实"三会一课"基本制度,坚持规范落实工作制度,创新组织形式,全面实现"三会一课"质量提升。

支部充分发挥全国十大美丽乡村——千年枣园小堤村、邢台抗大陈列馆、周邓纪念馆、一二九师司令部旧址、晋冀鲁豫烈士陵园等红色革命教育基地的作用,开展参观学习、重温入党誓词、缅怀革命先辈等形式多样且内容丰富的主题党日活动,教育引导支部党员铭记党的历史、牢记党的宗旨、增强党性,进一步提高党员队伍的凝聚力和战斗力。

支部以志愿服务的形式,充分发挥党员的先锋模范作用,积极参与邯郸广播电台主办的"广电进万家,真情在一起"美丽邯郸服务百家社区行"第十站星城国际"社区志愿活动,为社区居民提供义务维修电脑服务。新校区搬迁和疫情期间,支部成员多次化身"打包大军",保障学生行李顺利到家。

在"不忘初心,牢记使命"主题教育中,支部书记吴迪的典型事迹材料在学院门厅展示,支部的先进做法和经验也得到宣传。支部党员坚持每天利用"学习强国"平台加强政治理论学习,三名党员获"学习强国"优秀学员称号。

(二) 实施"党建研究计划",深入开展党建研究

支部充分发挥党员学历高、科研实力强的优势,引导鼓励党员结合教学、科研实际,深入开展党建研究。按照"双带头人"培育工程及党建"双创"要求,结合实际和学科专业特点,支部积极探索创新管理模式和长效机制,在"大思政"育人格局背景下,构建"思政课程"与"课程思政"协同育人创新实践体系。

支部积极申报各类党建研究课题,实现党建与业务相辅相成。党支部自2016年至今,"以博士党员为主导的'1+X'模式科研平台建设""依托'本科生导师制'人才培养模式的'三型'党支部建设""以'本科生导师制'为抓手,强化教工党支部'三育人'职能"和"践行高校党建'双创'工作模式,打造全国党建工作样板支部"等课题,连续四年获批

河北工程大学基层党支部创新活动计划重点课题。2018年至2020年连续三年，"'双带头人'培育工程视角下高校基层党支部建设模式研究""基于'双带头人'培育工程的高校党建'双创'工作模式研究"和"'立德树人，匠心党建'——高校'思政课程''课程思政'协同育人创新实践研究"等课题获批河北省高校党建研究课题。

《"双带头人"培育工程视角下教师党支部建设模式研究》《高校教师党支部党建"双创"工作模式探索与实践——以河北工程大学信电学院教师第一党支部为例》《高校"思政课程""课程思政"协同育人创新实践研究》三篇党建研究论文分别在《当代教育实践与教学研究》《中国多媒体与网络教学学报》和《社会科学》期刊上发表。支部书记获得"优秀党务工作者""优秀共产党员"称号。

（三）实施"本科生导师制"，有效提升育人实效

支部坚持以生为本，建立和完善"本科生导师制"，按照"四有好老师""四个引路人"和"四个相统一"的要求，强化教师党支部"三育人"职能。支部组织"本科生导师讲座"系列活动，为学生营造良好的学术研究和科技创新氛围。

支部积极组织本科生导师指导学生参加各类全国性编程竞赛和大学生创新创业训练计划项目，参与教师科研项目研究。近两年，学生在"蓝桥杯"全国软件和信息技术专业人才大赛中累计获得全国二等奖6项、三等奖11项，河北省赛一等奖21项、二等奖41项、三等奖21项的好成绩。支部成员指导学生搭建信息与电气工程学院教工第一党支部党建"双创"宣传平台和党建大数据平台。

（四）实施"聚力工程"，扎实推进科研水平

依托河北工程大学首批"双带头人"教师党支部书记工作室，支部书记发挥"头雁"引领作用，组建了一支精诚团结的科研团队。

当前，学院计算机科学与技术专业已经顺利通过认证。在申报过程中，党支部紧急抽调纪检委员青年博士申超老师协助完成自评报告撰写、人工智能实验室搭建等工作。支部其他党员也积极承担文化墙设计、资料整理等工作，紧紧围绕学校、学院的中心工作，贡献自己的力量。

支部在省、市教学科研项目立项、论文发表、教材出版等方面硕果累累，为学校"双一流"高水平大学建设贡献力量。近三年，支部成员获批教育部产学合作协同育人项目5项，河北省专业学位研究生教学案例建设

项目1项；河北省自然基金项目2项，河北省高等学校科学技术研究重点项目1项、青年项目2项，邯郸市科技局项目1项，获批横向项目5项，累计经费达100余万元；发表SCI、EI检索、中文核心论文9篇；出版教材4部；授权发明专利1项，申请发明专利8项。党支部1人被聘为河北安防报警网络有限公司技术顾问和北京大学邯郸创新研究院专家，1人被聘为科技特派员，深入推进校企合作。

三、深入思考

通过开展新时代高校党建"双创"工作，极大提升了教师基层党支部的党建和思想政治工作质量。深入贯彻落实习近平新时代中国特色社会主义思想和党的十九大精神，按照新时代党的建设总要求，坚持培育为基、重在建设、典型引领、整体推进，以政治建设为统领，以质量攻坚为动力，以提升组织力为重点，以推动事业发展为落脚点，严格对标看齐，勇于改革创新，努力争创先进，将教师党支部建设成为具备"七个有力"，促进高校教育事业蓬勃发展的战斗堡垒，进一步为加快一流大学和一流学科建设、实现高等教育内涵式发展、办好人民满意教育提供坚强的组织保证。

今年是中国共产党成立100周年。支部认真回顾首批全国党建工作样板支部培育创建单位建设过程，挖掘党支部自身存在的不足，从党的百年伟大奋斗历程中汲取继续前进的智慧和力量，拟制定切实有效的整改措施，巩固现有成果，持续加大力度扎实推进党建"双创"工作。

第一，提高认识，将推动事业发展作为支部党建"双创"工作的出发点和落脚点，发挥好支部的政治核心作用、战斗堡垒作用、党员先锋模范作用。

第二，主动作为，通过加强与兄弟高校基层党建工作交流，不断拓宽工作思路，改进工作方法，发挥好支部的育人功能，推动中心工作与党的建设有机融合、促进提升。

第三，凝练经验，结合支部自身特点，总结党建工作特色，形成符合本支部实际，可推广、可示范的党建工作方法，进一步打造更高品质的党建工作特色品牌。

牢记使命争模范　教书育人勇担当
——内蒙古工业大学材料科学与工程学院材料成型及控制工程系教工党支部创建工作特色案例

李国伟　徐俊瑞

一、支部简介

内蒙古工业大学材料科学与工程学院材料成型及控制工程系教工党支部紧紧围绕立德树人根本任务，以提高教育教学质量为目标，以"党建促业务、业务强党建"为工作思路，将党建工作的着力点与教书育人中心工作和业务工作相结合，把党建工作的切入点放在"抓学习、强规范、谋创新、促业务"上，力争创建具有专业特色的党建品牌，全面提升支部的创造力、凝聚力和战斗力，使支部的党建工作提质增效。

支部目前共有党员16人，其中教授7人，副教授4人，讲师5人，具有高级职称的党员占总人数的68.8%；具有博士学位的党员12人，占党员人数的75%。支部所在的专业为2019年度国家级一流本科专业建设点、教育部特色专业建设点、自治区级品牌专业。支部于2018年被内蒙古工业大学党委评为先进基层党组织，于2020年被评为内蒙古工业大学"最强党支部"。支部书记曾获自治区级"优秀党务工作者"，并多次获校级和院级"优秀共产党员""优秀党务工作者"荣誉称号。

二、特色经验

（一）丰富学习载体，加强学习型党组织建设

支部始终以习近平新时代中国特色社会主义思想为指导，深入学习贯彻党的十九大精神，党的十九届四中、五中全会和全国教育大会精神以及关于民族问题的基本理论、政策及系列讲话精神，不断提高教师党员的理论水平。支部严格执行"三会一课"制度，采取线上线下相结合、集中学

习与自学相结合的方式开展及时有效的学习。支部充分利用"共产党员网""学习强国""北疆先锋"等平台,利用微信群、QQ群等推送学习材料,发布支部的工作纪实。通过学习,支部的凝聚力和战斗力得到了进一步提高。

(二)推动"党建+"工作,加强党建与业务相融合

为有效调动支部党员的主动性和创造性,支部创新党建活动形式,通过"党建+"工作的开展,激发了党员活力,强化了党支部的战斗堡垒作用。

一是"党建+中心工作"促进专业发展。支部结合材料成型及控制工程专业认证工作,组织了"我为认证做贡献"主题党日活动,党员教师勇挑重担,认真完成繁杂的数据收集、资料整理及材料撰写等工作。支部组织党员参加了陈芙蓉教授主讲的题为"以终为始确定教学目标、三脑为基明辨教学内容"的教学讲坛活动,详细了解了做好课堂教学设计和课程标准等环节的重要意义,有利于教学水平的进一步提升。为努力发挥党员的模范带头作用,支部积极动员支部的老党员结合自己的工作生活经历,加强对青年教师在教学、实践、课程设计及生活等方面的支持和指导,做好"传、帮、带"的示范引领作用,进一步加强了党建与业务深度融合。同时,支部党员还积极担任本科生班主任,特别是少数民族班班主任,定期走进班级、课堂和宿舍,认真为学生答疑解惑以及帮助学生做好学业和职业生涯的规划指导。

二是"党建+师德师风"促进团队建设。支部组织开展党日活动,集中学习了黄大年的先进事迹,认真领会了习近平总书记对黄大年同志先进事迹作出的重要指示精神:每一名党员干部、科技工作者都应当以黄大年教授为榜样,心怀祖国、心有大我,树立崇高理想,在今后的工作岗位上发扬不懈奋斗、勇攀高峰的精神。支部还开展了为党员"过红色生日"的党日活动,通过老党员自身工作经历的分享,大家深刻认识到美好生活的来之不易,进一步提升了支部的凝聚力。在支部老党员的带动和年轻党员的共同努力下,材料焊接及成形教师团队于2018年被评为全国高校黄大年式教师团队,团队骨干成员都为支部党员。

三是"党建+走进企业"促进校企合作。支部成立了"党员博士服务团",以"服务企业,深化合作"为目标,加强与包头钢铁(集团)有限责任公司、北方重工集团有限公司等企业开展技术交流及横向项目合作,党员们在上课之余走进企业开展调研,与技术人员研讨,用所学知识来解

决实际问题。支部党员还获批了一项中央军委装备发展部的科研项目并顺利结题。通过合作，材料成型及控制工程专业的优势得到了更好的发挥，并解决了企业的部分技术难题，进而实现高校和企业的合作与共赢，为更好的服务社会打下了良好的基础。

（三）强化党建引领，发挥党员先锋模范作用

支部始终教育引导广大党员在各项工作中作表率，当先锋。支部党员在教学、科研、专业和学科建设中均已成为骨干力量，能够立足岗位，发挥模范带头作用，推动学院整体发展。

一是教学能力有提升。支部党员能够认真做好本职工作，努力提高教学水平，积极进行教学改革，认真培养学生自主学习、合作学习的能力。近三年来，支部党员申请教改项目9项，发表教研论文5篇，1人获评自治区级"优秀教师"，1人获评校级"优秀教师"；焊接技术与工程专业教学团队获评自治区级教学团队；"材料焊接性"获批2019年自治区和内蒙古工业大学在线开放课程以及混合式教学示范课程，该课程教学团队还荣获自治区教学创新大赛一等奖；1名党员参加了"西部地区人才培养特别项目"；2020年春，支部党员积极参加学校、学院网络教学咨询辅导团队，为保障在线教学的顺利进行贡献了力量。

二是科研育人有突破。支部党员教师能够将教学与科研相结合，围绕学科开展科研与育人工作，积极申报各类课题，使教学与科研相互促进，同步进行。3年来，12位党员承担6项国家自然科学基金项目、12项自治区级科研项目、多项相关横向课题；发表科研论文70余篇，其中被SCI、EI收录检索65篇，获批国家专利15项。1人获国家科技进步二等奖，2人获评内蒙古自治区"有突出贡献中青年专家"，1人获评自治区"深入生产一线中青年专家"，3人获自治区"草原英才"称号，1人获评自治区"草原英才"工程青年创新创业人才一层次，2人获评自治区"青年科技英才"，多人入选"新世纪321人才工程"。先进焊接技术创新人才团队获内蒙古自治区"草原英才创新团队"和自治区"工人先锋号"等荣誉。支部党员教师积极指导学生参加国家级、自治区级、校级的各类科技及创新实践类竞赛，三年来指导学生参加创新实践竞赛30余项，各类比赛获奖70余项。

支部始终秉承"博学躬行，尚志明德"的校训，弘扬"唯实尚行"的校风，坚持创新、特色、内涵、区域、开放的发展理念，努力为内蒙古的教育事业贡献力量。

三、深入思考

（一）抓好理论学习是基础

加强理论学习是提高党员思想政治素质的根本途径。应紧密结合新时代、新思想和工作实际，有针对性地重点学习，多思多想，常学常新，学深悟透。读原著、学原文、悟原理，往深里走、往实里走、往心里走，做到学思用贯通、知信行统一，使思想、能力、行动跟上党中央要求，跟上时代前进步伐，跟上事业发展需要。

（二）管理服务能力是保障

支部管理服务需进一步精细化。在发挥党员先锋模范作用上下功夫，发展党员规范化、教育培训经常化、管理服务精细化，使党员意识、党性修养不断增强和提高，能力素质不断提升，带头作用不断发挥。同时规范民主评议党员制度，强化在教学、教改、科研中的团队作用。鼓励党员教师主动学习、勤于思考、积极实践、善于总结，充分发挥自身的潜力。

（三）创新活动形式是抓手

组织生活是党内生活的重要组成部分，应进一步创新活动形式，丰富活动内容。结合支部实际开展微党课学习、课后辅导"1＋1"、党员服务团、志愿服务等形式多样的党日活动，组织党员积极参加教学方法创新类及党史知识类的相关培训学习和比赛等，在学习中提升，在实践中进步，将教书育人贯穿于工作始终，进一步增强党组织的凝聚力和战斗力。

（四）服务中心工作是根本

党支部工作应与学院的中心工作进一步有机紧密结合，支部应围绕教育、管理、监督和服务教师的基本职能，发挥好战斗堡垒作用。支部党员结合工作实际，围绕立德树人根本任务做好本职工作，踏实教书，静心育人，加强创新，潜心科研，服务中心，服务大局，为学校和学院的发展做出应有的贡献。

厚植党建基础 立德树人铸魂
——东北财经大学经济学院教工第二党支部创建工作特色案例

胡 蓉

一、支部简介

东北财经大学经济学院教工第二党支部成立于2011年3月，现有支部成员15名，支部书记为"双带头人"。支部先后被评为第二批全国党建工作样板支部培育创建单位、首批辽宁省党建工作样板支部培育创建单位、辽宁省高校"校园先锋示范岗（集体）"、辽宁省高等学校先进党组织、辽宁省党支部标准化规范化建设示范点，支部成员曾获评辽宁省我身边的好书记、辽宁省三八红旗手等荣誉。

学校党委高度重视教师党支部和"双带头人"建设工作，将其纳入学校党建工作规划和年度工作要点，明确工作计划和年度安排，确保干事平台、发展空间、工作条件、待遇保障等方面都支持到位。支部于2019年12月被评为第二批全国党建工作样板支部培育创建单位。在学校党委统一领导和组织、宣传、人事、教务、科研等部门配合指导下，按照学院党总支的安排部署，支部坚定理想信念宗旨，发挥政治引领主体作用；规范党的组织生活，发挥党员先锋模范作用；以加强师德师风建设为重点，推动党员思想道德建设；做学生成长的坚定引路者，发挥团结凝聚师生的主体作用；做学校使命的坚定践行者，发挥促进学校中心工作的主体作用；务实肯干，搭建高校教学研究、人才培养与社会服务之桥。

二、特色经验

（一）把支部建在学科上，助力"双一流"建设，实现党的建设与学科建设同频共振

支部所在单位是学校应用经济学一级学科重点建设单位。支部充分发挥政治引领与学科建设双重战斗堡垒作用，积极践行学校"培育卓越财经

人才，服务经济社会发展"的使命，加强基层党建，规范"三会一课"制度，以习近平新时代中国特色社会主义思想为指导，不断提高基层党组织工作的"高度、广度、深度、温度、亮度"。2017年以来，支部举办"经济学诺奖得主与中国经济学家高端论坛""中国留美经济学会2019中国年会"等大型高端会议三十余次，先后到访包括诺贝尔经济学奖得主在内的国内外一流学者近千人次，为教师和学生搭建起经济学领域高端学术交流平台。会议得到《人民日报》、人民网、新华网、《经济日报》、中国经济新闻网、新浪财经等媒体的广泛关注。

在教育部组织的全国第四轮学科评估中，东北财经大学应用经济学评估结果为A，进入全国2%～5%行列。支部参与筹划并主导建设的高等经济研究院致力于将自身建设成为亚太地区和中国一流的，与国际接轨的高水平学术研究平台、高水平人才培养基地和国际知名高端智库。作为主要建设单位的"经济学拔尖学生培养基地"入选教育部基础学科拔尖学生培养计划2.0基地（2020年度），实现了辽宁省高校文科类别基础学科拔尖学生培养基地零的突破。经济学专业获批国家级一流本科专业。

（二）把支部建在思政阵地上，构建以党建为引领的"三位一体"经济学课程思政体系，实现党的建设与人才培养同频共振

支部成员牢固树立为国家、为社会主义建设事业培养合格人才的目标，完善通识教育、专业教育和交叉学科"三位一体"的课程体系，打造"微观经济学""宏观经济学"等课程思政示范课，推动经济学课程思政与思政课程紧密结合、同向同行，把正确的政治方向、价值取向、学术导向体现到人才培养全过程各环节。支部以习近平总书记教育重要论述为指导，全面落实立德树人根本任务，构建以党的建设为引领，以理论研究为基石，以课堂教学为阵地，以课外活动为辅助的"三位一体"经济学课程思政体系。第一，开展多层次、多形式的党建活动，加强专业课程教师的政治理论学习，从源头上培育专业教师的核心素养。例如，2018年11月，党支部组织特色党日活动——移动课堂"一座旅顺口，半部近代史"，激发大家的爱国热情和实现中国梦的激情，有效巩固马克思主义在高校意识形态领域的指导地位。第二，以理论研究为基石，坚守马克思主义经济学理论阵地，守好经济学这段渠，种好经济学责任田，与思想政治理论课同向同行，形成协同效应。第三，以课堂教学为阵地，利用国际前沿理论和话语体系讲好中国故事，在坚定中国特色社会主义道路自信、理论自信、制度自信、文化自信的同时，向国际社会传播中国好声音。第四，以课外活动为补充，深入落实"五个融合"工作要求，通过"本科生成长导师制""党支部与团支部对接""中国梦大讨论""学风建设月""后生论坛"等"第二课堂"活动引导青年学生有理想、有本领、有担当，把经济学课程思政的效果最大化，更好地构筑中国精神、中国价值和中国力量。

课程思政精品课打造成效显著，辐射效果明显，学生课堂抬头率和点头率再创新高，"扎根中国大地，不负时代重托"的人生追求进一步增强，已带动经济学科17门课程入选东北财经大学2020年度课程思政示范课，2018年以来两项成果获得辽宁省教学成果一等奖。

（三）把支部建在文化传承创新进程中，统筹推进疫情防控与教育教学，实现党的建设与先进文化建设同频共振

支部注重国际惯例和中国实际的统一、个人个性与中华传统的统一，探索出了一条适应国际教育平台发展的"二支部"国际交流合作之路。2020年新冠肺炎疫情暴发之初，支部全体成员迅速响应"停课不停教、停课不停学"号召，教师放弃寒假休息时间，提前二十多天开始做线上授课准备工作，15名成员中参加校内外抗疫志愿活动的达7人次。

在主动扛起疫情防控大旗，践行和弘扬伟大抗疫精神的同时，支部注重关注和帮扶在大连工作的国际友人。西班牙籍教师彭军艺2020年1月刚到中国工作，面临的文化差异大，这给防疫工作增加了不少困难。支部成员将疫情防控要求和指南逐句翻译，全面完整地向他传达，教会他使用网上购物APP，使他在疫情期间能够正常工作和生活。彭军艺从抵触、不理解，到接受，最终变为感激，并主动放弃了2020年暑假的旅行计划。说起当时西班牙日渐严重的疫情，他非常感激中国政府在疫情初期采取的果断措施，感激支部成员向他提供的政策信息和防控措施方面的帮助，由衷地表示："我远在西班牙的父母对我放心极了！"

（四）把支部建在公益事业上，搭建高校教学研究、人才培养与社会服务之桥，实现党的建设与社会服务同频共振

自2016年起，支部联合大连爱纳孤独症障碍者综合服务中心，开展特色党日活动，以党建带动公益，多次举办题为"爱心义卖，伴星同行"东北财经大学专场大型义卖活动，活动辐射面广，义卖所得万余元善款全部用于支持大连爱纳孤独症障碍者综合服务中心开展的公益事业。支部用行动架起了高校教学研究、人才培养与社会服务之间的桥梁，践行高校培

养有责任担当的优秀人才、服务社会的使命。截止到2020年12月，学院教师、学生累计做义工三百余人次，"'经'暖'星'信，'爱'来'碍'走——阳光助残公益"项目获得第五届中国青年志愿服务项目大赛辽宁赛区金奖、全国铜奖。

支部围绕乡村振兴和脱贫攻坚战的战略打造系列高端学术论坛，开展系列调研实践，为全面实施乡村振兴战略与打赢脱贫攻坚战贡献力量。支部连续召开四届"乡村振兴"高端论坛暨农业经济组织与乡村治理体系建设会议，组织专家先后赴黑龙江牡丹江、浙江金华、广西百色等多地，开展农特企业发展、美丽乡村建设、乡村治理、农地改革与精准扶贫等系列调研，形成调研报告累计达90余万字，为地方村镇政府提供长期咨询服务。

三、深入思考

（一）坚持以党的政治建设为统领

坚定理想信念宗旨，加强政治理论学习。严格执行"三会一课"制度，深入学习贯彻习近平新时代中国特色社会主义思想，党的十九大和十九届二中、三中、四中、五中全会精神，深入贯彻落实习近平总书记关于教育的重要论述、习近平总书记关于加强和改进高校政治思想工作的重要论述。通过系统全面、理论联系实践的学习，吃透领会精神实质，把握核心要义，自觉把思想和行动统一起来，在思想上、行动上同以习近平同志为核心的党中央保持高度一致，坚决维护党中央权威和集中统一领导，严守政治纪律和政治规矩。通过对照学习党章，内化于心、外化于行；学习党史、新中国史、改革开放史和社会主义发展史，了解党的光荣传统、宝贵经验和伟大成就，做到知史爱党、知史爱国。

（二）将支部成员的个人事业发展融入党和国家发展大事业中，实现个人发展与党同频共振

结合支部党员的构成特点，将淬炼党性与服务发展相结合，将育才育人与自我修炼相结合，充分发挥党建引领在落实立德树人根本任务中的重要作用。例如支部主导构建的以党的建设为引领、以理论研究为基石、以课堂教学为阵地、以课外活动为辅助的"三位一体"的经济学课程思政建设体系，将支部的每一名党员都纳入其中。党员教师坚守课堂教学阵地，行政岗位的党员坚守课外活动阵地，有机配合，共同守好经济学这段渠，

种好经济学这块责任田,全心全力解决好培养什么人、怎样培养人、为谁培养人这个根本问题。

(三)做学校使命的坚定践行者,发挥促进学校中心工作的主体作用

深入实施"校园先锋工程",坚持理论与实践相结合,积极践行学校"培育卓越财经人才,服务经济社会发展"的使命。根据《东北财经大学"双一流"建设方案》提出的"三步走"战略部署,结合支部成员的本职工作,将新发展理念贯穿于课程育人、科研育人、实践育人、文化育人、网络育人、心理育人、管理育人、服务于人、资助育人、组织育人的全过程。

提振新时代党员"精气神"
打造高校党支部工作新品牌
——长春中医药大学针灸推拿学院科研创新党支部创建工作特色案例

李 铁 赵晋莹 马诗棋

一、支部简介

长春中医药大学针灸推拿学院科研创新党支部坚持以习近平新时代中国特色社会主义思想为指导，牢固树立"以特色科研打造特色支部"的党建工作指导思想，围绕"立德树人"的根本育人任务，形成"思想教育与时代潮流相融合、组织管理与科研提升相融合、作风建设与理想信念相融合"的多维立体育人模式。支部进一步凝聚和团结党员，充分发挥党支部的战斗堡垒作用，切实提升针灸推拿学院学生学术科研创新能力，立德树人，突出专业培养特色。

支部现共有党员27人，其中教工党员7人，博士研究生党员18人，硕士研究生党员2人；二级教授2人，博士生导师3人。支部党员中有全国中医药教学名师1人，国家中医药岐黄学者领军人才1人，973首席科学家1人，长白山学者特聘教授1人，国家行业学会主任委员2人。由在全院学术科研建设中政治表现和科研学术水平较高的专家教师以及全体博士研究生、部分硕士研究生组建的支部也代表了我校针灸推拿学科最高的学术研究水平。

在两年多的支部建设工作中，在学校党委领导下和学校党委组织部等相关部门指导下，支部围绕立德育人抓党建，围绕学校工作中心抓大局，逐渐形成了"党建＋科研"及"精气神"的工作思路，使思想引领有高度、科研本领有广度、理想信念有深度。

二、特色经验

（一）政治理论学习全中选"精"，树立浩然正"气"，发挥钻研精"神"，紧抓思想教育实效，提供思想"助推器"

思想政治工作是党支部建设的核心内容，而抓好政治理论学习是关键。在学校党委的统一部署下，支部结合党员的特点，加强了政治理论学习的设计与落实，务求政治理论学习的实效。"破冰"阶段，有针对性地设定理论学习书目，增强理论学习动力。结合专业特色、行业特色，聚焦自身学习工作特点，有针对性地学习了全国中医药大会会议精神，把习近平总书记对科教强国、高等教育工作、中医药工作的重要讲话和指示批示精神作为学习的重点，支部成员能够逐渐体会到政治理论对自身工作的引领和指导作用，由以往"布置任务被动学"到"发现问题自觉主动学"。"提升"阶段，支部成员结合"四史"，即党史、新中国史、改革开放史、社会主义发展史中的相关内容，提高主动学习政治理论的兴趣，强调研究精神，从历史中感悟成败，在历史中汲取经验，从实例中学习方法。"研讨"阶段，形成了自学＋领学机制，每周由一名博士研究生党员进行领学宣讲，支部成员一同开展讨论与分析，形成了良好的学习氛围，使政治理论学习成为党员思想上的需求和不断进取的动力。

（二）树立党员模范"精"兵形象，凝心聚"气"，突出奉献精"神"，加强组织管理实效，打造科研红色基因"培养基"

组织建设是党支部各项工作的切入点，也是凝聚党员力量，积极推进工作的重要基础。科研创新党支部不仅认真落实"三会一课"制度、组织生活会、民主评议党员等组织生活规定，还勇于创新，在活动内容、形式和载体上体现科研学术工作特点。

一是开展"半月两会"，促进理论学习组会与科研业务组会相结合。支部在原有的每半个月召开的科研业务组会基础上，增加政治理论学习和研究内容，两会合一。每次组会分为两个部分：第一部分由博士党员进行政治理论的领学，并就学习内容发表心得，提出理论问题大家研讨，形成学习心得和报告；第二部分再开展具体科研业务方面的学习和研讨，强化了政治理论对科研业务工作的指导，实现了党建与业务工作的双促进。

二是实施学术科技提升工程，建立了"1＋X"模式，助力大学生创新创业。"1"即"整体工程"，按照研究方向，组成"学科带头人—青年教师—博硕研究生"的科研团队。"X"指由博士研究生为组长，体现出"精兵"的示范作用，团结加入的硕士研究生和本科生，形成多个具有明确研究内容的创新创业团队，营造了整个学科的浓厚的学术科研氛围，以大学生创新创业大赛、"互联网+"等竞赛为目标，进行持续研究，目前，支部已经组织形成了8支研究团队，并多次在国家级、省级大学生创新创业大赛中取得优异成绩。

三是建立"红色医站"品牌系列主题党日活动，提升医疗服务意识。支部发挥专业技术优势，建立"红色医站"，利用午休和晚上时间，组织党员和积极分子，面向学校和周边高校师生，开展以针灸、推拿适宜病种为主的医疗诊治服务，提升了医疗服务意识，促进了学科教学和人才培养。

(三) 科研学术精益求"精"，克服浮躁心"气"，培养科学精"神"，狠抓作风建设实效，构建科研成果"孵化器"

作风建设是支部建设的重点，也是发挥党员模范带头作用的基础。针对工作实际，支部通过理论学习和"不忘初心，牢记使命"主题教育等契机，加强对支部的作风建设。支部引导党员自觉树立崇高理想信念，使党员认识到作为一线科研技术人员要树立坚定理想信念的重要性，争做"红色科研舵手"，按照习近平总书记"传承精华、守正创新"的要求，树立"为中医药事业努力工作，健康促幸福；将科研论文写在为人民健康服务的实践中，科研促发展"的理想信念，对学术科研精益求精，遵循科研规律，戒除功利之心，杜绝浮躁之气，带领周围的同志们一起提升学科的学术科研水平，体现党员的模范带头作用，打造"红色科研团队"，始终运用理论的力量来引领科研工作实践，为孵化针灸推拿学科高水平学术成果提供思想支持和人才储备。支部发挥高校党建思想教育阵地作用，牢牢把握立德树人根本任务，将社会主义核心价值观融入党建品牌建设的目标、内容、原则、路径和保障机制，营造良好育人环境。

以学促行，筑牢初心。作为高校以科研发展为特色的党支部，支部将始终保持"为人民健康服务"的初心和恒心，以"立德树人"为根本育人目标，努力打造一支"有位、有为、有力、有责、有心"的高素质科研党员队伍，为祖国培育高水平中医药人才而不断奋斗！

三、深入思考

党的十九大提出了不断提高党建质量的任务要求。在中国共产党百年诞辰来临之际，支部根据新时代党建设计要求，在实践中深刻意识到"以科研促党建"的重要性，肩负起"为党育人、为国育才"的重要使命担当，从高校党支部长效运行机制的立体工作视角，突出支部科研培育特色，锤炼实干担当的党员真本领。

（一）将思想引领与时代潮流深度融合，创新支部活动形式

以习近平中国特色社会主义思想为统领，突出支部党性教育政治性、时代性、原则性和战斗性，创新支部活动形式，以"线上讨论＋线下实践"全面育人模式，先后开展支部微党课、走进"一汽·大众"汽车工厂主题党日、主题讨论等党性教育主题活动，实现党员思想成长与时代主线同频共振，打造新时代下高校党支部特色品牌。通过强化政治引领、打造战斗堡垒、凝聚红色力量，推动党的政治优势、组织优势和群众工作优势转化为治理优势，把党的力量和主张传递到"神经末梢""最后一公里"。

（二）将党建与业务深度融合，激发党员队伍工作活力

支部厚植中医药沃土，将支部工作与学科建设深度融合，打造"党建＋业务"发展双引擎，引领学科建设、科研、教学等各项工作形成合力，激发党建工作新动能，发挥支部战斗堡垒作用。通过建立层次分明、协调有序的党员队伍结构，加强党员队伍凝聚力，加强党员队伍制度建设，构建党员队伍长效运行机制。从谋划安排、流程标准、考核评价等方面构建科学化、规范化的长效机制，为提高支部工作实效性提供可靠保障。

（三）将科研特色与发展高知党员深度融合，发挥支部阵地牵引作用

支部立足科研特色，发挥科研阵地牵引作用，加强博士研究生党员发展工作，遵循"重点选拔、科研主导、多维培养"的原则，充分发挥支部高知党员科研先锋模范作用，提高支部凝聚力和示范效应。多年来，支部组建了一支"思想作风硬、科研本领强、理想信念高"的高层次党员人才队伍，形成大量国家级、省级优质示范项目，引导支部成员在学习中坚定信仰、信念、信心，在科研本领提高中增长才干、锤炼本领、奉献社会，树立崇高的理想信念，夯实党支部思想根基，提质增效，打造高水平支部阵地。

传承中华优秀传统文化
培养文化自信时代新人
——黑河学院人文传媒学院中文系教师党支部创建工作特色案例

李 婧

一、支部简介

黑河学院地处黑龙江省黑河市,是中俄4300多千米边境线上我国境内唯一一所普通高等本科院校,自1958年建校以来,历经黑河师范专科学校、齐齐哈尔大学黑河分校等发展阶段,2004年晋升为本科院校,2006年纳入省属院校。人文传媒学院中文系作为学校老牌院系,历史悠久,基础丰厚,与学校共同发展成长,培养了大批服务地方发展的优秀人才。

2014年2月24日,习近平总书记在十八届中央政治局第十三次集体学习时强调,培育和弘扬社会主义核心价值观必须立足中华优秀传统文化。在新的历史条件下,如何进一步坚守边疆高校区位职责,发挥学科专业优势,坚持立德树人,切实传承弘扬中华传统文化,培养具有家国情怀和文化自信的时代新人,是摆在黑河学院人文传媒学院中文系教师党支部面前新的使命和任务。面对新形势、新挑战、新要求,支部充分发挥党的战斗堡垒作用,探索创新"课堂教学与课外实践相结合、专业建设与文化传播相结合、下乡支教与院校共建相结合"的党务工作机制,各环节协同育人,利于中华传统文化的有效传播及活动的长期开展,在推进中华传统文化传播及"立德树人"方向取得实效。

支部现有成员12名,其中,1人博士在读,硕士研究生9人;教授1人,副教授4人,讲师6人,助教1人。

二、特色案例

(一) 深挖专业，课堂教学与课外实践相结合，扎实人文素养

中文系目前开设汉语言文学和汉语国际教育两个专业。支部针对不同专业特点，在深入思考专业建设发展与人才培养质量的同时，融入中华传统文化因素，加强对外文化传播，培养教育学生树立文化自信。

一是发挥第一课堂的主阵地作用。党员教师带头开设先秦诸子思想研究、论语研究、中国文化概论、国学经典导读、中华才艺训练等多门传统文化选修课程，加强优秀传统文化及社会主义核心价值观教育。党员教师深入挖掘中文专业课程的学科优势，将中国传统核心价值观及人文精神与思想政治教育相融合，注重整体规划和顶层设计，建立了完整的中文专业课程思政实施体系，努力做到"以文化人、以文育人"。

二是加强对学生社团的管理指导。支部成员作为实践技能训练团队、"行知社"师范技能训练团队、"青创坊"文学创作团队、"响山话剧社"等学生社团的指导教师，充分利用社团活动对学生进行中华传统美德及诗词吟诵创作等方面的指导，让学生在中华优秀传统文化中汲取智慧和力量，让学生在社团活动中提升专业素养及能力。通过实践训练，学生在全国语文规范化知识大赛和全国青少年冰心文学大赛中都取得了优异的成绩。

三是强化对实践活动的设计和组织。支部将中华优秀传统文化教育融入学生活动中，利用中华传统佳节和国家重大节庆活动开展传统文化实践，举办文学名著改编大赛、"我爱记诗词"诗词比赛、"经典永流传"诗词吟诵会等富有时代气息的传统文化活动，为学生体验优秀传统文化搭建平台。中华传统文化教育全方位渗透到专业教学、校园文化、社团活动和日常实践中，学生在课堂上接受理论，在生活中体会践行，在文化中滋养浸润，在实践中淬炼坚守，形成了全方位育人合力。

(二) 立德树人，专业建设与文化传播相结合，树立文化自信

支部成员针对不同专业特点，在深入思考专业建设发展与人才培养质量的同时，融入中华传统文化因素，加强对外文化传播，培养教育学生树立文化自信。

一是专业技能训练中融入中华传统文化因素。教师针对汉语言文学专业技能要求，在听说读写训练中，加入中华传统文化因素，在古代典籍中

精选篇目作为学生专业技能训练素材,要求学生会背诵、能吟咏,能用三笔字规范书写。针对汉语国际教育专业特点,支部聘请黑河市人民艺术剧院的一级演员、茶艺工作室的茶艺师、书法和武术专业教师等为学生开设京剧、茶艺、书法及武术等中华传统艺术课程,丰富教育教学资源,提高了人才培养质量。

二是实习实训中加强中华传统文化国际传播。在实习实训中,教师注重培养学生的文化自信,主动做"中国精神、中国价值、中国力量"的构筑者和传播者。支部每年组织汉语国际教育专业学生赴阿穆尔州国立师范大学孔子学院见习及文化交流;以端午、中秋、重阳等传统节日为契机,邀请留学生参与包粽子、制作月饼、登高赏菊等实践体验活动,并将"爱国""感恩""团圆""孝行"等传统美德教育融入其中,使学生真正成为中华传统文化传播的使者。

支部通过组织持续深入的中华传统文化及社会主义核心价值观教育活动,以具体鲜活的实践载体,让中华优秀传统文化看得见、摸得着,让学生通过切身参与,增强了学生的国家、民族和文化认同感,培育了学生的文化自信。同时,专业实习、实践新平台和新途径的挖掘,使学生的专业技能得到了切实有效提升。

(三)服务基层,下乡支教与院校共建相结合,牢记初心使命

支部积极组织探索高校与社会、大中小学一体化建设路径,通过选派两名优秀党员教师赴新疆阿勒泰地区师范学校支教、优先推荐学生党员顶岗支教、定期选派教师党员赴黑河学院附属小学举办国学系列讲座、走进社区开展"讲中国故事"主题党日等活动,积极主动参与面向各层级群众和学生的文化传承活动,通过切实的示范和引导,使中华优秀传统文化滋养广大群众和学生的心灵。

支部组织党员走进边疆,深入农村、社区和中小学课堂,提升了党员服务基层的能力,守初心、担使命,为人民服务的宗旨意识得到了进一步加强。

中文系党支部注重发挥专业及学科优势,把党的新思想、新战略与工作实际充分融合,将党务工作与中心工作紧密结合,真正做到了党建和业务两手抓、两手硬。支部通过一系列的中华传统文化传承活动和课内外各种教育教学活动的开展,推进学生准确把握中华优秀传统文化的深刻内涵,把跨越时空的思想理念、价值标准、审美风范转化为学生的精神追求和行为习惯;同时,支部党员的理想信念更加坚定、党性修养更加坚实、

干事创业热情更加高涨、党群联系更加紧密，支部党员的凝聚力和向心力得到了充分加强。

三、深入思考

黑河学院作为地方本科院校，无论在教学科研实力还是人才培养规格上，与国内其他高水平大学间均存在较大差距。然而，独特的区域地理位置以及地方经济社会发展的人才需求，又使得学校深感重担在肩、责任重大。如何充分发挥党的战斗堡垒作用，切实做好边境地区语言文字工作和优秀传统文化传承工作，为地方经济社会发展培养高素质的应用型人才，是党支部建设必须要思考的重要问题。

（一）提高站位，统一思想，党支部凝聚力更加坚实

支部全体党员坚持把党的教育方针路线的贯彻执行作为工作的根本任务，认真学习领会习近平总书记系列重要讲话和全国教育大会精神，持续推进中国特色社会主义核心价值观宣传教育，全面执行《国家语言文字事业"十三五"发展规划》战略部署，组织好中国传统文化的弘扬和传承工作。通过一系列的语言文字推广与中华传统文化传承活动，支部党员把理想信念建立在对教育教学工作的正确认识上，把对理想信念的追求与立德树人的工作紧密联系在一起，始终保持理论清醒、政治坚定、业务精熟，凝聚力和向心力进一步深化。

（二）党建统领，依托专业，学科优势发挥更加明显

中文系教师党支部将党建工作与中心工作紧密结合，在加强党的基层组织建设的同时，充分挖掘自身专长及优势，及时学习领会党的新思想、新战略，并在实际工作中加大力气贯彻执行。支部成员充分认识到以中国语言文字和中华传统文化为抓手坚持立德树人的重要性，将中华传统文化蕴含的哲学思想、人文精神、价值理念和道德规范，潜移默化地、全方位地渗透学生培养教育的全过程，积极践行全员育人、全方位育人和全过程育人。

（三）立足区位，服务基层，初心使命意识进一步增强

在边疆边境地区，外来文化对中华传统文化的冲击较为强烈，支部党员统一思想，形成共识，勇担使命，科学引导青少年学生正确看待外来文化，成为青少年学生自觉接受中华传统文化的引路人。支部党员精心设计丰富的文化教育活动，以具体鲜活的实践为载体，让中华优秀传统文化看

得见、摸得着，培育了学生的文化自信。同时，通过选派优秀党员海外教学、援疆支教、驻村扶贫、政策宣讲等，支部党员服务基层的能力得到了提高，守初心、担使命，服务人民的宗旨意识得到了进一步强化。

建强最活跃支部细胞
推动中心工作高质量发展
——上海大学材料科学与工程学院冶金资源综合利用教工党支部创建工作特色案例

耿淑华　蔡金淋

一、支部简介

上海大学材料科学与工程学院冶金资源综合利用教工党支部隶属于省部共建高品质特殊钢冶金与制备国家重点实验室，是上海大学典型的建在"最活跃细胞——科研团队上"的党支部，现有党员19人，其中正高7人，副高5人。支部设书记一名，宣传委员、组织委员各一名。支部坚持政治引领，做到教育、管理、监督党员，组织、宣传、凝聚、服务师生"七个有力"，党员同志围绕"立德树人"根本任务，聚焦冶金学科建设，勇当排头兵，敢为先行者，推动中心工作高质量发展。

二、特色经验

（一）强化政治功能，传播凝聚主流思潮能量

一是坚定政治立场，牢牢抓住意识形态工作底线和红线。支部紧抓师德师风建设，促进教师坚守立德树人的"初心"，形成争做德高望重的好老师的氛围；严格课堂纪律，创新教学方法，开设线上、线下名师讲坛，守好文化活动主阵地。对于支部党员和支部所在团队教师邀请的学术报告，支部纪检委员都会提前审核，党支部确保有党员参与把关。

二是提高舆论引导能力，营造良好的舆论环境和社会氛围。支部成员运用互联网技术、新兴媒体和"学习强国"APP等多种形式，营造时时可学、处处可学的氛围，注重思想交流，凝聚共识，时刻不忘锤炼党性修养。支部在校、院公众号及网页上进行活动宣传，对学生进行思政教育，团结更多学生党员及青年团员主动发声，形成有效宣传合力。

（二）夯实支部建设，推动党支部凝心聚力

一是注重示范引领，发挥支部委员的示范担当作用。党支部建设需要有一支勇于担当、甘于奉献的核心班子，即支部委员会。定期召开支委会议，研究政治理论学习计划，及时指导党员学习，带头学习贯彻落实党的路线方针政策，宣传执行上级党组织的决议。支部加强对青年教师党员的培养，选拔和吸引优秀青年党员教师参与到党务工作中，国家优秀青年人才邹星礼在2020年6月支部换届中成为宣传委员。

二是打造有温度的品牌项目，关心支部每一位党员。支部打造"一支部一特色"品牌项目，开展"常谈心多关怀有温度"项目，践行学院"四美文化"精神，即"各美其美，美人所美，成人之美，和合共美"，充分尊重和肯定每一个人的努力和贡献，并积极建立"尊重平等，合作互助"的人际环境。支部建立有温度的集体，对新进员工进行指导与帮助，使其平稳渡过新入校的不适应期；对于年轻老师上课与职称评定等问题进行答疑帮助；对于个人或者家庭遇到烦心事的老师进行开解、提供帮助，使其感受到来自组织的关心，有归属感，建立有温度的支部。

（三）围绕立德树人，促使全程导师全程育人

一是全面践行"全员育人、全程育人、全方位育人"的育人理念，全面实施具有特色的全程导师制度，不仅仅是研究生有导师，本科生也人人有导师。支部成立专门工作小组，推进、研究、制定全程导师制实施细则，延续并深化学院导师制度。支部知名教授带头担任导师，通过线上与线下两种方式与学生交流，关注学生的需求和困难，在学生成长的"拔节孕穗期"给予"精准滴灌"，解学生之所难，精心引导和培养学生。

二是将课程思政和专业教育教学有机结合，扎实推进习近平新时代中国特色社会主义思想进教材、进课堂、进头脑。支部组织、支持工科教师与思政课教师合作教学教研，鼓励支持国家级教学名师等带头进行课程思政建设，取得不少成绩："冶金能源与环保"获上海高校课程思政领航计划所属领航课程建设，获得高教学会"十三五"实验室管理八项重点课题1项，获第五届全国高等学校教师自制实验教学仪器大赛三等奖。

（四）注重人才培养，建设高水平教师人才队伍

一是依托"支部建在最活跃的学科方向上"的优势，实施"学科—团队—人才"三位一体的培养机制，支部培养了一批能够突破关键技术、带动新兴学科的战略科学家和科技领军人才，如自主培养国家优秀青年科学

基金获得者 1 人、上海市高校特聘教授（东方学者）2 人、青年启明星 1 人、全国高校冶金院长奖 1 人。

二是注重人才梯队建设和结对关怀。对于新入职老师，支部给予更多的人文关怀，帮助他们尽快适应新的环境，解决实际困难，快速成长起来。如在自然基金的申请过程中，让有经验的老师帮忙指导，使青年老师在有困难时能够想到支部，提高支部的凝聚力与战斗力。

（五）聚焦科技创新，服务国家重大需求

一是面向国家重大需求，攻关推进绿色氢冶金技术研发与应用，助力构建低碳经济模式。支部成员服务于特殊钢冶金创新理论、技术和流程，聚焦复杂矿物电化学绿色冶金新技术和氢冶金基础研究及新工艺探索，获得 2 项国家自然基金联合基金重点支持项目。

二是将科技创新运用于实践，加强与地方企业的合作。支部成员所在团队 2020 年与山西襄汾县联合成立"氢冶金技术研究与成果转化中心"，与山西中升钢铁有限公司联合共建"富氢低碳冶炼热模拟系统中试基地"，同时获批上海市科委"科技创新行动计划"，成立上海金属零部件绿色再制造工程技术研究中心。

三、深入思考

在支部建设过程中，要切实强化高校思想政治建设，破解高校基层党支部面临的各项难题，离不开优秀的党支部书记。"双带头人"意味着支部书记在党建与学术方面都要有突出作用，这就对支部书记提出了更高的要求。支部书记政治站位一定要高，要注重理论学习，同时学科业务方面也要突出，要让党员和群众信服。建议在以后的工作中应继续坚持以下几点，让"双带头人"党支部书记继续带领教师党支部在中心工作中"唱主角"，推动中心工作高质量发展。

（一）理论学习方面，旗帜鲜明讲政治，注重意识形态和党性教育

"双带头人"党支部书记自身的理论水平要加强，注重理论学习与实践的结合，创新理论学习的方式，每次学习提前布置学习内容，支部全员参与，大家集思广益。支部书记做好引导工作，组织员应该提高素养，为支部书记提供好的指导，同时制度方面应该有保证，给予支部书记更多的知情权与决策权。

(二)人才培养方面,紧紧围绕立德树人,作好学生的引路人

"立德树人"不仅是教育的根本任务,也是教育的初心和使命。在学深悟透"立德树人"的精神内涵后,加强支部对教师的引领作用,发挥课程主渠道作用,努力打造高水平的思政课。教师支部与学生支部开展共建,党员与学生一对一重点帮教,每个月总结更新需要关心的学生名单,选拔优秀的学生思政员,充分发挥学生在育人中的主体作用。

(三)科研工作方面,加强产学研合作,加强本科生实习基地建设

党员发挥在科研工作的主导地位,加强与企业的合作,将科研项目或成果融入教学中,在课堂上给学生讲解前沿知识和课题成果,通过案例教学激发学生兴趣,进而让科研成果促进教学。教研团队与企业合作的同时,加强本科生实习基地的建设,让学生学到的理论知识有用武之地,实现理论与实践的双向促进。

发挥电商团队优势　谱写党建工作新篇章
——浙江财经大学信智学院教工第三党支部创建工作特色案例

杨水清

一、支部简介

浙江财经大学信智学院教工第三党支部以电子商务系的党员教师为主体,现有党员10名,支部委员会由党支部书记、党支部副书记、组织委员、宣传委员和青年委员5人组成。支部党员中具有博士学位的7人,具有硕士学位的3人,其中具有正高级职称的2人,具有副高级职称的2人,具有中级职称的5人。支部建立了一支以学科方向带头人,以学术骨干为主体的组织健全、纪律严明、团结协作、勇于创新的先锋党员队伍,多次被评为校优秀基层党组织,2019年获批浙江财经大学首批"双带头人"教师党支部书记示范工作室。支部党员教师中,浙江省优秀共产党员1人、浙江省师德先进个人1人、浙江省事业家庭兼顾型先进个人1人、浙江省万人计划青年拔尖人才1人、浙江省"151"第二层次人才1人。

二、特色经验

支部始终坚持把政治建设放在首位,坚持以习近平新时代中国特色社会主义思想武装全体党员头脑,在日常党务工作中,坚持以"一体两翼、三个引领、四个融合"为党建工作基础,形成了"学习强内核,特色立品牌,创新促发展"的党建工作模式。

(一)学习强内核,理论结合实践,夯实基础固堡垒

支部紧抓政治思想建设这个根本,建立健全支部"三会一课"制度,推进"两学一做"学习教育常态化、规范化和制度化,打牢党建根基,制定实施了信智学院教工第三党支部理论学习计划,在此基础上探索创新党员学习与教育管理的新方式、方法,通过支部大会、党员固定活动日以及主题党日活动,结合个人学习、集中学习、线上交流和线下讨论等多种灵

活的学习方式扎实地推进政治学习。支部结合线上、线下学习方式，理论学习与实践教育，通过实地考察和参观学习党史、革命史教育基地，激发党员做"四有"教师的自觉性，同时提高非党员教师的思想觉悟，先后参观了G20主会场、浙江革命烈士纪念馆、沙家浜革命历史纪念馆和廉政教育基地等，起到了很好的教育、学习和警示作用。2020年一场突如其来的疫情扰乱了高校教学科研节奏，支部充分发挥电商师生团队优势，落实疫情防控部署，积极响应教育部"停课不停教"的总体要求，确保防疫与教学两不误。支部抗疫事迹受到《光明日报》和浙江在线等媒体的报道。

（二）特色立品牌，组建电商团队，引领凝聚师生

支部以电商系党员教师为核心力量，结合骨干教师的研究方向，突出"电商团队＋"特色，组建了"EMLAB"教师教学团队、"蜂巢"教师科研团队和"腾云"学生科研创新团队，以党建引领凝聚师生团队，构建导师协同、本硕协同和教学科研协同的"三维协同"体系，坚持每周进行师生团队研讨学习、交流教学和科研心得。近五年，"蜂巢"教师科研团队合作获国家级课题9项，省部级科研课题13项，发表SSCI/SCI检索1A论文50余篇，出版专著3部，获省部级奖2项，入选省级人才3人次；"EMLAB"教师教学团队合作获教育部协同育人课题3项，省教改项目2项，省专业建设项目2项，省精品课程2门，发表SSCI检索1A教改论文2篇；"腾云"学生科研创新团队合作发表SSCI/SCI检索1A论文10余篇，获各类学科竞赛国家级奖35项、省级奖27项。

（三）创新促发展，构建"党建＋"中心工作模式，成效显著

支部严格按照教工党支部建设标准和样板支部创建方案要求，强化教育培养、积极探索创新"一体两翼、三个引领、四个融合"的"党建＋"中心工作模式。"一体两翼"，即以教工党支部为枢纽，以"教工党支部—行政系"工作融合机制，"教工党支部－学生党支部"党建协调机制，"两个双向"机制作为两翼。"三个引领"，即突出"组织"引领，夯实党建基础；突出"思想"引领，强化思政导向；突出"品牌"引领，凝练电商团队特色。"四个融合"即，首先，以"党建＋教书育人"为基础，以兴趣驱动、实战驱动、竞赛驱动、科研驱动的多元驱动为重要举措，借助每学期两次的"博士讲堂"，为学生开拓学术视野，全面提升全员全方位育人水平；其次，以"党建＋科学研究"为支撑，结合学院"清廉桌面"工作

部署与团队成员实际情况,组织开展"诚信学术、廉洁从研"活动,加强对师生的学术规范和学术道德教育;再次,以"党建＋团队建设"为保障,在团队建设过程中注重考察团队成员的思想政治表现,强调学术规范和学术道德教育,特别是注重考察教师的师德师风和言传身教,通过党员固定日、主题党日等活动,定期集中交流思想;最后,以"党建＋社会服务"为桥梁,支部党员围绕浙江省数字经济"一号工程"和"国家数字经济示范省"建设的重大需要,多次组织"党员博士电商服务团"深入基层、走进农村,在龙泉、丽水、江山等地,实地考察当地的农村电子商务发展情况,运用大数据和人工智能等方法为农村电商企业提供营销方案与优化设计,发挥智力优势和人才技术优势为浙江省数字经济发展提供支持。

三、深入思考

(一) 建设"党建＋教书育人"载体

组织开设"党员博士讲堂",为学生开拓视野;建立"党员教师咨询岗",指导学生专业学习与学业规划;带领学生开展"走进社会"实践活动,联合校友开展创新创业教育,在实践活动中培养锻炼"四有"教师和"六有"大学生。

(二) 建设"党建＋学术科研"载体

定期组织"科研方法指导""学术技能提升""基层组织工作方法研讨"等活动,使教工党支部的工作能够更好的服务教职工发展,提升师德师风。

(三) 组织"党建＋团队建设"活动

发挥教工党支部枢纽牵引作用,通过党员固定日、主题党日等活动,定期集中交流思想,促进教师相互了解,在学习交流中触发科研创新和教学改革的灵感,促进基层学术组织建设,推进师生党支部联动育人机制实施,推动学院人才培养有新成效、学科布局有新发展、科学研究有新突破。

(四) 开展"党建＋社会服务"探索

在支部前期实践服务的基础上,加强支部的社会调研与服务功能,积极组织教授、博士电商服务团,运用大数据和商务智能方法,促进电商企业和政府部门的数字化转型与重构,发挥智力优势和人才技术优势为浙江省经济发展提供支持。

（五）将党建工作与专业建设紧密结合

组建思想先进、实力强劲、成果卓著的教学科研团队，以学科竞赛和学生科研为抓手，创新人才培养模式，围绕培养目标，不断优化专业课程体系、改革课程教学内容和教学方法、创新专业人才培养模式。

"三四五"传帮带 聚"砼"力促发展
——浙大宁波理工学院土木建筑工程学院结构与桥梁工程研究所教工党支部创建工作特色案例

毛江鸿

一、支部简介

浙江大学宁波理工学院土木建筑工程学院结构与桥梁工程研究所教工党支部，以培养青年教师"立德树人"使命感和培养教学科研"攻坚克难"的工作作风为支部建设重点，以创建"全国党建工作标杆院系"为契机，积极谋划"品牌支部"创建，形成"三四五"传帮带工作方法，充分发挥支部经验丰富的党员老师的"传帮带"作用，帮带年轻党员教师全力攻坚克难，传递"立德树人"接力棒。

支部现有党员教师10名，党支部书记1名，组织委员1名，宣传委员1名。支部成员现有教授3名、副教授1名，6名讲师，均为博士研究生学历。支部教师年龄平均为38岁，大部分党员教师工作未满五年，支部拥有一支非常年轻、朝气蓬勃的党员教师队伍。

二、特色经验

（一）"三带领"：凝聚支部"砼"力量

一是书记带领支部，做好示范引领。土木建筑工程学院党委书记担任研究所所长，组织关系隶属支部，严格落实领导干部双重组织生活。支部书记同时担任学院党委委员、研究所副所长、实验中心副主任，党建上按照"双带头人"工作室标准开展建设，业务上积极组织研究所力量开展土木工程学科宁波市重点学科建设，负责结构工程和桥梁与隧道工程的学科建设工作，完成科研设备建设的调研工作，完成自平衡压剪加载反力架、SHRP动态剪切流变仪的仪器论证工作。支部书记获浙江省高校领军人才青年优秀人才等荣誉称号。

二是支部带领党员，永葆育人激情。支部扎实开展理论学习，给每名教工党员配发党员学习手册，努力用习近平新时代中国特色社会主义思想武装头脑；持续深入开展"不忘初心、牢记使命"主题教育，努力做到让教育者先受教育。党支部书记与教师党员谈心谈话，把好教师党员世界观、人生观、价值观这个"总开关"问题。

三是党员带领全员，凝心聚力促发展。支部在研究所组织教工召开师德师风建设研讨会，深入剖析师德师风状况，学习先进典型事迹，以德立身、以德立学、以德施教。支部教工2019年至2020年累计立项34项，包括国家自然基金青年基金、浙江省自然科学基金、宁波市自然科学基金等纵向课题6项，发表科研论文17篇，其中有SCI/EI检索论文11篇，获国家发明专利授权6项。

（二）"四帮带"：贯彻支部"砼"精神

支部建立"教工支部帮带学生支部""老党员帮带青年人才""教工党员帮带学业困难学生""导师帮带学生"的四帮带制度，加强同事、师生的情感交流，并将这一工作机制化，成效显著。

一是教工支部帮带学生支部，"带着问题"落实"三会一课"制度。推进结构与桥梁工程研究所教工党支部和道桥学生党支部结对共建，支部为了加强"三会一课"的效果，特别是支部大会能形成全心全意为学生服务的具体做法。在"三会一课"前，支部书记和1—2名青年教师，同党员学生开展座谈会，充分发挥党员学生敢讲真话、敢讲实话的特点，寻找教师队伍的不足以及学生希望教师提供的服务。"带着问题"落实"三会一课"制度起到了良好的作用，有利于集中思想形成高效行动方案。比如疫情期间，学生反映没有教材，学习困难，支部立即组织教师为学生发送教材电子版；学生反映在家没有画板进行大作业，支部制定了将画板快递至学生家中的方案；学生反映希望课程教学和考研多结合，支部动员教师在专业课程作业中吸收考研试题内容，树立学生考研的信心。

二是老党员帮带青年人才，形成了良好的"传帮带"氛围。在老党员的指导下，青年教师党员获得国家自然科学基金、浙江省自然科学基金等课题立项，优秀青年人才积极向党组织靠拢，1位年轻海归博士被确定为入党积极分子，预计今年11月可确定为发展对象。

三是教工党员帮带学业困难学生。按照课程匹配进行师生帮带，学业困难的学生学业成绩提升率达80%。

四是导师帮带学生，解决本科生接触学科前沿需求。学院推行导师制工作，全所教师积极响应，无论是在低年级学生的学业生活指导，还是在高年级学生的学科前沿知识拓展等方面都起到积极作用，道桥专业方向学生读研率超过20%。

(三)"五引领"：发挥支部"砼"效应

一是引领党建亮显。积极响应学院党委"全国党建工作标杆院系"党建亮显群建设，深入推进党建文化亮显，支部组织教工参观"首批全国党建工作标杆院系"标识物、党群活动中心、甬尚雷锋书记工作室、初心工作室、学院党员之家、土建文化大厅，落实支部党员身份上墙，佩戴党徽亮显身份，营造教工支部活动阵地文化建设氛围。

二是引领集群互动。支部教工积极参与开展国际学术交流，2019年至2020年共计有6人次参加国际学术交流会，11人次参加国内学术交流会，承办1次学术会议。研究所协助管理的宁波市工程结构性能提升重点实验室承办了第三届混凝土结构长期性能学术研讨会，来自浙江大学、昆明理工大学、扬州大学、江苏大学、常州大学等高校师生及相关领域的专家学者等近50余人出席了本次会议。

三是引领人才培养。教师充分发挥各自的专业优势和乐于奉献的精神，创建期内土木、道桥专业学生参加省级以上竞赛并获奖20余项，发表各类文章5篇，申请发明专利和软件著作权各1项，获国家级创新创业项目2项、省新苗计划项目1项、校级创新创业项目5项，已在学生群体中形成了活跃的创新创业氛围。

四是引领队伍发展。年轻党员教师已由承担基础课程（工程制图、专业英语、土木工程测试）教学提升至承担专业核心课程（如混凝土结构设计、土木工程施工、钢桥设计、工程测量等）教学，在全所青年教师中起到了良好的示范作用。目前，全所已形成良好的"传帮带"氛围，全所青年教师在老党员、老教师的指导下，正在迅速成长，高效解决了研究所专业教师"断层带"的难题，充分保障了本科教育质量。"桥梁工程"入选浙江省级精品在线开放课程建设名单。

五是引领地方服务。支部积极推动事业发展成果转化，扎根宁波办学，反哺宁波城市发展。学院各科研团队积极助力复工复产，全力投入各大重点和民生保障项目建设中去。学院党委书记王银辉教授团队参与宁波市轨道交通4号线施工监控工作，支部书记毛江鸿教授团队参与宁波舟山港主通道公路工程建设项目。

三、深入思考

支部不断探讨业务、党建深度融合的创新方法，防止出现党建与业务"两张皮"现象，不断提升党建引领活力，形成事业发展合力。在支部工作推进中，有以下几点思考。

（一）夯实基础以规范强党建，突出支部政治功能

切实推进党支部建设的制度化、规范化、科学化，进一步提升党支部组织力，强化政治功能，明确党支部育人功能，落实立德树人根本任务。严格执行党的组织生活制度，建立健全集体学习和个人自学制度。把讲政治的要求落实到党员教育管理监督各方面，确保党中央、上级党组织决策部署在党支部不折不扣的贯彻落实。严把政治立场、意识形态、师德师风关，支部书记参与所发展规划、年度考核、提职晋级、评奖评优、经费使用、津贴分配等重要事项决策，切实做到党支部对教工职称评聘、课题申报、评奖评优、职务（职级）晋升、干部推荐等事先作出思想政治鉴定。

（二）打造品牌以特色强党建，创新组织生活方式

坚持问题导向，有目的、有成效地开展组织生活，以组织生活方式的创新来打造支部的品牌特色。创新方式方法，推进师生党支部发挥专业育人引领，共建打造支部特色群。带着教学、科研、学科等工作问题，积极探索互动式、论辩式、沙龙式、言评式等新模式，让组织生活触及思想灵魂。用足、用好浙江省"三个地"独特优势、宁波市党员教育示范基地资源，发掘传承浙江大学求是精神，积极建立多种形式的党员教育、实践和服务基地。

（三）树立旗帜以亮显强党建，充分发挥党员作用

强化先锋打造党建旗帜工程，积极推广党支部建设典型经验，走出去、请进来加强工作交流。加强党员身份亮显、业绩亮显、作用亮显，引导党员教师在日常教学、科研和管理服务中"亮身份、立标尺、树先锋"，突出党建引领，发挥党员作用，认真履行教书育人职责，提升教学科研水平，带头推动学校改革发展。

守初心 担使命 重传承 勇创新 党建育人同向同行
——安徽中医药大学药学院中药教师党支部创建工作特色案例

杨青山　刘守金　黄伟军　吴达武

一、支部简介

安徽中医药大学药学院中药教师党支部坚守初心，潜心育人，坚持把党建工作和中药"五能"人才培养紧密结合，以全国党建工作样板支部培育创建单位为载体，提高政治站位，发挥党建引领示范作用；坚持党员带头，不断提升教师队伍素质；注重实践育人，努力培养中医药传承人；推动成果转化，积极服务地方中医药事业发展。支部形成守初心、担使命、重传承、勇创新、育人才的党建工作新模式，在学校立德树人工作中发挥出样板支部的示范引领和辐射带动作用。

支部现有成员14人，其中，博士研究生9人，硕士研究生5人；教授7人，副教授3人，讲师2人，助教2人。支部获安徽省高等学校先进基层党组织、安徽中医药大学先进基层党组织、安徽省首批领航党组织等称号，支部创建的安徽中医药大学大学生中药资源科学考察队项目已成为安徽省"三全育人"综合改革试点院系的金牌活动。

支部于2019年获评第二批全国党建工作样板支部培育单位，2020年入选安徽省委组织部基层党建工作领航计划，2021年获批教育部"双带头人"教师党支部书记工作室。近年来，在校党委领导下和校党委组织部等相关部门指导下，按照药学院分党委的安排部署，支部聚焦立德树人主业，深耕中医药特色，以安徽省"三全育人"综合改革试点院系为依托，以中药学一流学科为抓手，以中药资源中心和药用植物园为对外服务窗口，为党育人，为国育才，积极服务地方中医药事业发展。

二、特色经验

（一）抓好课堂育人主阵地，思政课与专业课同向同行

支部党员教师充分发挥模范带头作用，积极主动投身于教育教学改革中，将思政教育融入专业课程教学中。首先，优化课程目标，明确专业课程德育要求。通过修订教学大纲，优化课程目标，督促支部教师党员加强对于专业课程教学内容和教学结构的研究，在传授专业知识的同时充分挖掘思想政治教育内容，凸显专业课程的德育功能。"分子生药学"课程组将"科学创新精神"和"爱国主义精神"纳入课程目标体系，如屠呦呦因发现青蒿素获得诺贝尔奖等。其次，加强教学设计，融合专业知识与价值理念。支部党员教师根据不同课程的知识体系与表达方式的差异，加强教学设计，科学构建融合专业知识与价值理念的教学方案。例如，"药用植物学"课程组结合中药生长习性及特点，借助中药"七叶一枝花"扎根大地（根）、挺直茎干（茎）、博采营养（叶）、绽放精华（花）的植物特性，形象地教育学生要脚踏实地、正直为人、积累知识、厚积薄发，实现人生梦想。再次，创新教学方法，提升教学质量和育人效果。支部党员教师结合课程内容和知识特点，创新教学方法，将德育目标有机融入专业知识传授过程中，让学生在不知不觉中感悟、升华，达到"潜移默化、润物无声"的效果。例如，"中药新药研究与开发"课程组将我校教师国家重大新药创制项目"川阿格雷"研制实例纳入课堂教学内容。科研反哺教学，提升了中药专业学生中医思维和科学思维，激发了学生的创新创业意识，促进了第一课堂向第二课堂的延伸。中药学教学团队为国家级教学团队，荣获国家教学成果二等奖1项、安徽省教学成果一等奖1项。

（二）传统文化育人，培育中医药文化自信

首先，支部所在中药资源中心利用中药材性状辨识馆、安徽道地药材研展馆、本草研展室、中药材研展馆、腊叶标本研藏馆和中药调剂研展室等六个展室，坚持每年为全校新生开展中医药文化入学教育主题活动，帮助新生巩固专业思想，尽早建立中医药思维，尤其在新生入校初期，让学生能够学会以东方式的认知思维方式，接受和学习中医药知识，思考和应对中医药问题，奠定良好的"爱中药、学中药、用中药"的专业学习基础和思想认识基础。其次，学生通过了解中医药的学术特色和与西医相比独具的临床优势，树立学习中医药所必需的事业信心和正确的医药学价值

观。再次，中医药文化入学教育主题活动有利于中医药文化的传播，现已成为校史与专业情感结合的重要窗口。支部党员教师组织指导学生连续五年举办"中医药文化节"活动，根据学生特点设计形式丰富的活动，如"中药微视界"摄影大赛、中医药文创产品市集、药用植物标本设计制作大赛等，采用"跟团游"方式安排中药专业本科生担任导游，带团参观设定好的展区，内容涵盖药用植物标本展示及制作、传统中药材鉴别、自制中药花茶品尝、方剂的组配应用等方面，不论是清香四溢的花茶体验，还是内容丰富的标本馆，都充分地展现出了传统中药文化的魅力，学生在向全校师生乃至社会各界宣传展示中医药文化的同时，也提升了专业知识，强化了专业情感归属，增强了文化自信。

（三）注重实践育人，培育"五能"中医药人才

支部党员教师创建了"中药资源中心—合肥大蜀山中药野外教学第二课堂—黄山野外实训基地—亳州中药材大市场—中药资源普查"一体化的实物实地教学模式，现已实践了30余年，教学效果显著。学生眼观、手摸、口尝、鼻闻、耳听等五官识药的实物实地教学方式，丰富和内化了学生的认知，激发了学生学习的兴趣，培养了学生自主学习能力，强化了学生"识药、制药、评药、用药、创药"能力的培养。

（四）创建中药资源科考队，塑造人才培养新思路

支部党员教师探索出一系列品牌实践育人活动。大学生暑期中药资源科学考察队，在全国中医药大学中属首创。2018年起，每年暑期在全校遴选大学生，在专业学习中、野外实践中、团队合作中开展思想政治教育，通过科考，培养大学生不忘初心、牢记使命、崇尚科学、吃苦耐劳的精神，学生"脸晒黑了、心更红了、志更坚了、体更健了"，社会反响热烈。该活动在品牌实践育人活动中锻炼中药学人所需要的思辨能力、协作能力、执行能力、抗挫折能力和科技创新能力，已成为安徽省"三全育人"综合改革试点院系的金牌活动。

（五）推动成果转化，积极服务地方中医药事业发展

党支部通过强化学科建设，增强服务地方中医药事业发展的能力。支部党员教师承担第四次全国中药资源普查任务，主持安徽省70余个县的中药资源普查工作，为我省中药资源发展和规划提供第一手资料。积极投身于中药产业发展，参与安徽济人药业有限公司疏风解毒胶囊质量提升研究工作，深入灵璧县、金寨县等地指导中药产业发展，在霍山等7地建立

道地中药材产学研基地,助力中药产业发展和精准扶贫。

三、深入思考

安徽中医药大学党委坚决贯彻落实习近平新时代中国特色社会主义思想,践行"不忘初心、牢记使命"的政治要求,统筹推进"五位一体"总体布局和"四个全面"战略布局,增强"四个意识",坚定"四个自信",做到"两个维护",深入学习贯彻全国教育大会、全国中医药大会精神,坚持和加强党对教育工作的全面领导,紧紧围绕"一个中心",扎实推进"六大战略",进一步解放思想,深化改革,不断推进学校治理体系和治理能力现代化,奋力开创地方特色高水平大学建设新局面。在庆祝中国共产党一百周年诞辰之际,总结支部建设经验,展望支部未来发展,支部深深认识到党建工作对支部自身成长和党员教师专业水平、业务能力提升具有重要意义。

第一,根据学校党委和学院党委学习教育计划,统筹运用好各种学习方式,把学习、研讨、实践和药学院教学工作结合起来,扎实推动党史学习教育走深走实,高标准、高质量地完成学习教育各项任务,真正做到学有所思、学有所悟、学有所行、学有所得。

第二,切实履行好全面从严治党主体责任,进一步学习、理解和落实好学校党委、药学院党委部署要求和党建工作制度,不断提高基层党支部工作质量。

第三,充分利用"三会一课"、主题党日、党建品牌创建等载体平台,结合支部特点,进一步提升党建工作成效。

第四,高度重视、不断加强意识形态阵地管控,不断加强宣传引导,营造良好的舆论氛围。

务求有力有为有效　提升支部组织战斗力
——福建师范大学物理与能源学院能源与材料系党支部创建工作特色案例

陈水源　钟伟兰

一、支部简介

福建师范大学物理与能源学院能源与材料系党支部组建于2012年，现有党员19名，占该系教师总数的85%，平均年龄约36岁，其中教授7人，副教授5人，具有博士学位的12人；党员中有"国家万人计划青年拔尖人才""闽江学者"特聘教授、省"杰青"、"省新世纪优秀人才"等省部级以上人才计划项目17人次，是一支年轻且富有创造力和战斗力的教学科研队伍。支部深入贯彻习近平新时代中国特色社会主义思想，牢记习近平总书记有关做"四有好老师"、做好"四个引路人"的教诲与嘱托，按照学校和学院党委的要求，在支部书记陈水源同志的带领下，对照"七个有力"标准，着力构建"3321"工作模式，充分发挥支部的战斗堡垒和党员先锋模范作用，努力把党支部建设成为立德树人的阵地、团结师生的核心、攻坚克难的堡垒。目前，该支部在教学、科研、育人、服务等方面取得了突出业绩，为学院、学校事业改革发展做出了重要贡献，已成为学院高层次人才的重要聚集地、教学科研的主要得分手、改革发展的强大推进器。支部于2018年入选福建省高校首批"双带头人"教师党支部书记工作室、省级样板党支部。

二、特色经验

支部始终突出政治建设，推进党建与业务"双融合"，强化政治建设以提升组织力，强化业务攻坚以提升战斗力，强化师德建设以提升引领力，主要做法和特色经验如下：

（一）建好"三大阵地"，强化政治引领

一是建好理论学习阵地。支部建立每周三常态化的政治理论学习制

度，充分利用福建师范大学作为"南方坚持马克思主义阵地"的优势，推动政治理论学习，强化理论武装。

二是用好党课阵地。支部坚持上好"三级党课"，即学院党委书记带头为支部党员上党课，发挥示范引领作用，唱好"主旋律"；支部书记与业务工作相结合，经常性为支部党员上党课，当好"领唱员"；支部委员和其他党员主动上党课，唱响"协奏曲"。

三是守好党性锤炼阵地。支部探索建立党内组织生活"一二三四"工作法，即每年至少开展一次高质量组织生活会，深入开展批评与自我批评并认真开展民主评议党员，保持先进性；建立"两项机制"，即"三会一课"全程纪实机制和支部定期自查机制；健全"三必谈"制度，即支委之间、支委和党员之间、党员和党员之间必谈，推动谈心谈话制度化常态化；建立"四必访"制度，即针对能源与材料系的党员和群众，做到家庭困难必访、思想波动必访、教学科研后进、出现不良倾向必访。

（二）健全"六项机制"，夯实战斗堡垒

一是健全遴选机制。支部严格按照"双高双强"（即政治素质高、师生威信高、党务工作能力强、教学科研能力强）的标准，选优配强教师党支部书记；遴选热心党务、积极主动性强的教学科研骨干教师担任副书记和支委，配齐配强支委班子。目前本支部书记、副书记为教授，另3名支委中有副教授1人、硕士学历教师2人。

二是健全联系机制。支部建立学院党委委员"三个一"联系党支部制度，即每年至少为支部讲一堂党课、参加一次党员大会、指导开展一次主题党日活动，加强对支部建设的领导、指导。

三是健全储备机制。支部建立党员储备库，选拔党性修养和教学科研能力较强的青年教师党员作为支委和支部书记人选进行重点培养。学院党委还把支部书记、支委作为学院中层优秀年轻干部人选，实施"递进式"选拔、培养。

四是健全培训机制。支部实施校党委"领头雁"培育工程，积极推荐支部书记、支委参加教育部和省委教育工委以及学校党委的培训班；学院党委积极开展支部党务工作培训和书记谈话交流活动，不断提高支部党建能力水平。

五是健全考评机制。支部推行党支部向学院党委开展党建述职制度，学院党委每年对支部党建工作情况进行评价、考核。坚持问题导向，扬长避短，整改不足。

六是健全保障机制。支部加大物质保障力度，学院为省级"双带头人"陈水源工作室提供了专门的工作场所，配置了相关办公设施设备，在党建经费方面给予大力支持。

(三) 推进"三个融合"，激发支部活力

一是支部工作与师德师风建设深度融合。支部以高质量党建引领高尚师德师风养成，严格落实意识形态工作责任制，加强课程思政建设，坚守课堂主阵地。教授坚持为本科生授课，有10多名青年党员教师兼任本科学生班主任，协同做好学生思政工作，成效明显：支部党员有1人获评"省高校青年教学名师"，3人获学校毕业生就业贡献奖，1人获评校党务先进工作者，2019年本系集体获评"校五一劳动奖章"。

二是支部工作与教学科研深度融合。支部着力构筑"好机制"，建立活动与业务交流、集体备课、课题申报等有机结合机制，打造"好团队"，树立和倡导团结、互助、友爱的团队精神，产出了一系列"好成果"。自2012年党支部成立以来，支部所在专业建设并获批了6个学士、硕士及博士学位授权点；支部成员主持国家级科研项目21项，省部级科研项目50余项，发表SCI检索学术论文200余篇，获得发明专利60多项；主持建设了3门国家级一流课程，承担4项国家级教学改革项目研究，以及15个省级以上教学科研平台和包括省级一流专业、一流课程在内的22项省级本科质量工程项目，获评2项省级教学成果特等奖和7项省级科技奖、学术论文奖、专利奖，实现科研成果技术转让2项，培育孵化1家高新技术公司（2020年获得6000多万元融资）。此外，支部成员还积极指导学生开展科研创新和创业实践训练活动，获得校级以上大学生课外科技立项100余项（其中国家级13项、省级21项），获得各类学科竞赛国家级奖项40余项，省级奖100余项，学生参与发表论文70多篇（其中50余篇被SCI收录）、获得授权专利21项、软件著作权13项。学生保研率和考研录取率均保持高位，已有超过50名毕业生分别被北京大学、中国科学院、清华大学等院校录取。

三是支部工作与社会服务深入融合。党支部立足学院学科专业基础及特色，积极开展社会服务。例如，支部所在专业主办了全国新能源专业建设及教学改革研讨会，先后接待了30多所省内外高校的师生参观学习，积极交流、推广教改成果和经验；承担了人社部培训任务，来自全国新能源行业70位专业技术人员参加了知识更新工程高级研修班；建成的5门国家级、省级一流课程有效服务全国高校，总计25000多人12万余人次访问学习；为全省1000多名中学物理教师、科技辅导员和学科带头人培养对象提供专题培训和实践训练，还为全省4000多名中学生开展科技辅导与训练服务。

三、深入思考

支部根据工作实践经验，纵观取得的成果，以及反思存在的问题，支部建设如何突显有力、有为、有效，如何提升组织力、引领力、战斗力，如下三个方面是关键。

（一）突出政治引领，做贯彻党主张决定的坚定践行者

一是强化政治意识。党支部应积极组织党员认真学习领会党的路线、方针、政策，特别是要认真学习贯彻习近平新时代中国特色社会主义思想，不断增强"四个意识"，努力做到"四个自信"，用党的新思想、新理念、新战略指导工作。

二是强化组织意识。加强党支部组织建设，先要配强支部班子，发挥好"双带头人"支部书记的引领、示范的作用。进一步加强对支委的党务、党建业务知识和党内法规的培训，进一步规范执行、落实"三会一课"和主题党日等制度，严肃党内生活，强化组织纪律意识。

三是强化担当意识。党支部坚持把"立德树人"这一根本任务作为支部和党员的职责和使命，强化担当意识，奋进新时代。支部要发挥好政治堡垒作用，靠前指挥，靠前行动，充分调动党员的创造力、战斗力，发挥党员的先锋模范作用。

（二）突出创新创业，做促进事业发展的强力推动者

一是在科研上力求突破创新。支部积极营造有利环境，为开展科学研究提供重要的条件保障，促使党员在自己的岗位和研究团队中勇攀科学高峰，在基础科学和工程技术领域开拓创新，为经济社会发展提供科技支持。

二是在专业建设及教学改革中力求取得成效。支部认真落实"学生中心、产出导向、持续改进"的人才培养理念，积极创造条件，开展教学改革，加强课程思政教育，"五育"并举，提高人才培养目标达成度，提升人才培养质量。

（三）突出立德树人，做实施人才培养工程的先锋领航者

一是明确人才培养的重要性。支部教育党员必须把人才培养放在业务

工作首位，把人才培养目标的达成度作为检验工作成效的重要衡量指标。

二是加强师德师风建设。支部应教育党员按照习近平总书记提出的做"四有好老师"的要求，带头坚定理想信念，牢记初心使命，严守意识形态工作纪律，努力提高业务水平和本领，做好教书育人工作，以优良师德师风投身新时代人才培养工作。

三是充分发挥党建功能。支部必须严格认真落实党建主体责任，发挥好支部的政治职责功能，坚持群众路线，调动、激发党员的积极性、主动性和创造性，将党对教育事业的领导体现在具体的人才培养全过程，真正使党支部成为实施人才培养工程的先锋领航者。

党建引领促发展 业务融合双提升
——山东科技大学能源与矿业工程学院矿山灾害预防控制重点实验室党支部创建工作特色案例

王 刚 王 冬

一、支部简介

山东科技大学能源与矿业工程学院矿山灾害预防控制重点实验室党支部将支部建设与实验室工作相融合,支部活动与业务发展相融合,学习教育与岗位实际相融合,以党建引领业务,以业务巩固党建。支部始终坚持以党建为核、管理为基、实绩为本,不断创新工作方法,推进政治建设统领化、组织生活规范化、管理服务精准化、规章制度体系化、基础保障具体化,不断开创党支部建设与业务同发展、共进步的良好局面。

支部现有正式党员15人,包括高级职称人员6人、副高级职称人员3人,博士学位获得者12人,其中支部委员5人,书记和副书记均为教授。支部获教育部第二批"双带头人"教师党支部书记工作室、首批山东高校"双带头人"教师党支部书记工作室、山东省"干事创业好团队"等荣誉;支部工作法入选省委高校工委基层党建工作典型案例,支部获评校级"十佳党支部",支部6名党员被评为校级"优秀共产党员"。

支部不断推进落实党建工作的引领性作用,积极响应国家能源战略,瞄准"一带一路"建设,依托实验室与全球7个国家的世界排名前100名高校的12位海外学者合作,获批教育部"111"学科引智基地;与兖矿集团共建山东生态矿山技术中心;与临矿集团共建深部灾害治理技术中心;与山东省安监局共建非煤矿山事故防范技术研究中心,联合搭建煤矿重大灾害预警大数据平台,解决制约行业发展关键技术问题,服务地方经济社会发展。

二、特色经验

(一) 传承红色基因，筑牢红色堡垒

支部十分注重讲好新时代红色故事，重温党的光辉历程，追寻革命足迹，缅怀革命先烈，接受党史教育。支部成员赴杨家山里红色教育基地开展党史学习教育，一张张历经岁月洗礼的老照片，一件件珍贵的革命文物，一组组先烈勇敢顽强、不屈不挠的塑像群，一件件展品，一段段文字，一个个震撼人心的革命故事和一场场刻骨铭心的战斗，使党员们深刻了解到杨家山里人民在中国共产党的领导下，为争取民族解放而进行的艰苦卓绝斗争的历史，深切感受到革命先烈崇高的革命理想、坚定的共产主义信念和人生追求。老一辈革命家的精神促使党员们自觉加强党性锻炼，努力提高个人修养，以革命先辈为榜样，继承革命传统，立足本职工作，以实际行动为建党一百周年献礼。

(二) 做活党日活动，锤炼党性修养

支部坚持做"活"主题党日，不断创新形式、丰富内容，按照"一周一讨论、一月一主题、一季一总结"的思路创新开展党日活动，开展"参观院士港"主题党日活动，学习"直面问题、排除万难、无中生有、始终顶尖"的院士港精神，扩展教师党员和学生党员的科研思路，将学习教育与岗位实际相融合，以党建引领业务，以业务巩固党建；开展"重温学校发展历程"主题党日活动，让支部成员深刻感受前辈们创校的艰辛和为学校教育事业所做出的无私奉献，激发支部成员的爱校、荣校的责任感和使命感。支部将主题党日变成锤炼党员党性的"熔炉"，变成对党员有吸引力的"富矿"，促使党员在每次主题党日活动中淬炼党性、强化意识、增强责任担当意识。

(三) 凝练支部精神，担当先锋模范

支部坚持发挥党员先锋模范作用，引导党员立足岗位做贡献，推动发展当先锋，积极发挥表率作用；将学习教育与岗位实际、中心工作、业务发展相融合，充分发挥"关键少数"的引领示范作用，老党员、先进党员敢于担当，当好"两学一做"的践行者、示范者。2020年疫情防控、复工复学期间，各位青年党员发挥先锋模范作用，冲在防控一线、科研一线、防汛一线、科普一线、教育一线，将学习教育与岗位工作、业务发展相融合，认真负责、敢于担当，积极为学校师生营造良好的科研环境和学

习环境,坚守基层党员的责任阵地。其中,支部成员85岁高龄的宋振骐院士率先垂范,在学校疫情防控、复工复学期间仍然积极参加学术会议,为全校学子上思政课,深入矿井现场为煤矿安全保驾护航,壮心不已、奋斗不息,是青年党员的榜样。

(四) 拓展党建阵地,筑牢信仰之基

支部着力建好、用好"线上"阵地,以微信群、"学习强国"APP、"腾讯会议"APP等新媒体形式,把党支部党员连在线上,充分开展线上学习、线上讨论、线上传达,每周将习近平总书记讲话发送在党支部微信群中,促进支部党员学习、了解相关讲话精神,成为学懂、弄通、做实习近平新时代中国特色社会主义思想的基层党员先锋,党员踊跃发言、谈感受,做到党课时时在,感受刻刻有。支部建好用好"线下"阵地,购置相关学习材料90余册,为每位党员设计配备党员组织生活年度纪实本,做到"一人一学习档案、一人一工作纪实",充分利用以有场所、有设施、有标志、有党旗、有书报、有制度"六有"标准搭建的党员活动室,使之成为增强党组织凝聚力和战斗力、提高党员素质的重要活动场所。

(五) 强化理论武装,锤炼政治品格

支部着重引导党员补足精神之钙、把稳思想之舵,支部开展了线上政治理论学习,学习习近平在全国抗击新冠肺炎疫情表彰大会上的重要讲话精神,通过全面回顾抗疫斗争的不平凡历程,深刻感受到英雄们"咬定青山不放松,不破楼兰终不还"的毅力和"为天地立心,为生民立命"的精神;支部观看《为了和平》纪录片,深切缅怀英雄烈士的不朽功勋,弘扬传承革命先烈的崇高精神,深切感受到了抗美援朝志愿军的动人英雄事迹和伟大革命精神;支部组织全体党员通过线上腾讯会议的方式共同观看了大会盛况——习近平主席向全国脱贫攻坚楷模荣誉称号获得者颁奖并发表重要讲话,传承"特别能吃苦、特别能奉献、特别能作为"的优秀品质,激励党员求真务实、勇于担当、敢于作为。

三、深入思考

在庆祝中国共产党诞辰一百年之际,总结经验,展望未来,支部深深感受到坚持全面从严治党、发扬党内民主、坚持政治建设统领、加强制度建设对支部提质增效的重要性。

（一）全面从严治党是确保基层党建工作质量的根本保证

始终坚持全面从严治党，支部在政治立场、政治方向、政治原则、政治道路上同党中央保持高度一致，牢固树立起了大抓基层、严抓基层的鲜明导向，为支部党建工作质量提升提供了坚强保障。

（二）党内民主是党内政治生活积极健康的重要基础

党内民主既是党内政治生活的重要组成部分，又是健全党内政治生活的必备条件和重要途径。支部全体党员逐一开展批评与自我批评，依次进行深刻的对照检查和自我剖析，大家敞开胸怀、踊跃发言，紧密联系自身思想实际、岗位职责和工作经历，从政治态度、思想状态、工作作风、履职尽责等方面寻找差距，亮短揭丑、剖析原因、提出措施，并相互坦诚批评、交换意见、提出建议，对于党支部统一思想、查摆问题、落实整改等工作具有显著的意义，进一步提高了党支部的组织力、凝聚力、战斗力。只有坚持和完善党内民主各项制度，提高党内民主质量，不断净化党内政治生态，才能营造出积极健康的党内政治生活。

（三）政治建设统领是党建、业务深度融合的基本遵循

支部坚持把党的政治建设摆在首位，坚决维护以习近平同志为核心的党中央权威和集中统一领导。支部完善遴选机制，坚持将政治素质摆在首位，优化支委会配备，选年富力强、科研能力突出的青年党员教师担任党支部委员；创新"三会一课"形式，开展"党课人人讲""旗帜先锋人物塑造""拒绝邪教，党员先行"等活动，推进了基层党建、教学、科研、人才培养等工作协同开展，持续营造学的氛围、严的氛围、干的氛围。只有坚持以党的政治建设为统领，党建工作才有高度，业务工作才有力度。

（四）制度建设体系化是基层党建工作的规范引导

支部健全完善基本制度，以党章为根本遵循，突出制度建党和制度治党，制定了党支部例会制度、重点实验室党支部合格党员标准等党员教育管理制度；拟定了党员指导学生开展科研管理办法等文件，强化党员模范作用发挥，支部基本制度完备、执行严格到位、工作运行规范。只有将制度治党贯穿党建工作的全过程，才能有效提升党建工作的质量和水平。

"六课联动"结硕果 谱写党建新华章
——河南中医药大学马克思主义学院马克思主义中国化研究党支部创建工作特色案例

刘金鸽 曹猛

一、支部简介

河南中医药大学马克思主义学院马克思主义中国化研究党支部坚持把党建业务协同育人作为主线，牢固树立党的一切工作到支部的鲜明导向，以全国党建工作样板支部培育创建工作为契机，以思政小课堂与社会大课堂、思政课程与课程思政、线上与线下"三结合"育人为主线，打造出多维立体、相互贯通的党建育人格局，形成了"初心"课堂、战"疫"课堂、"鸽"声课堂、云端课堂、田野课堂、红色课堂等"六课联动"协同育人链条，在学校立德树人工作中发挥出样板支部的示范引领和辐射带动作用。

支部现有成员7名，其中，博士3人（含进站博士后1人），硕士4人；教授1人，副教授2人，讲师4人。支部获河南省高等学校先进基层党组织、河南中医药大学先进基层党组织、河南中医药大学抗击疫情表现突出先进基层党组织等光荣称号，支部指导的理论社团"初心"学习社还被评为河南省高校思想政治工作优秀品牌。

支部于2018年12月获评首批全国党建工作样板支部培育创建单位，在学校党委领导下和学校党委组织部等相关部门指导下，按照学院党总支的安排部署，着力贯彻落实教育部具体要求，做到以政治建设为统领，以质量攻坚为动力，以提升组织力为重点，以推动工作发展为落脚点，按计划、分步骤推进实施基层党支部"七个有力"标准，于2021年1月获得验收通过。

二、特色经验

心有所信,方能行远。支部始终保持鲜亮底色,用热爱和信仰坚守为党育人、为国育才的初心,高举立德树人旗帜,凝聚了一支"可信、可敬、可靠、乐为、敢为、有为"思政课教师队伍,成为党旗高高飘扬的坚强战斗堡垒,通过培育创建工作走出了一条党建育人之路。

(一)"初心"课堂指导理论社团,筑牢理想信念基石

作为大学生理论社团——"初心"学习社的结对指导单位,支部通过精心指导社团活动,精准辅导社团宣讲,教育引导青年学生筑牢信仰之基、补足精神之钙、把稳思想之舵,以学生喜闻乐见的方式成功架起了马克思主义走进青年学生的桥梁。近两年"初心"学习社进行专题宣讲近百场,覆盖青年学生 20000 余人,获"河南省高等学校思想政治工作优秀品牌""河南中医药大学研究生先进集体""河南中医药大学研究生思政品牌重点项目""河南中医药大学十佳社团"等荣誉。

(二)战"疫"课堂深挖育人元素,彰显中国制度优势

面对突如其来的疫情和疫情防控常态化的形势,支部教师积极开展"把疫情当教材,与祖国共成长"主题教育活动,深入挖掘疫情教材中蕴含的思政教学资源,站稳战"疫"课堂,做好全员、全程、全方位育人。支部党员教师结合学校援鄂医疗队的生动事例,结合课程,认真讲好、讲实中医药在疫情防控中的突出贡献,增强中医药大学学生的专业自信和自豪感,教育引导青年学生立大志、守精诚、成仁医;真情讲述"咬定青山不放松,不破楼兰终不还"和"为天地立心,为生民立命"的抗击疫情的英雄的事迹,引导青年学生深刻领悟中国特色社会主义制度的显著优势,自觉把"小我"融入祖国的"大我"、人民的"大我"之中,肩负起新时代的使命与担当,在战"疫"课堂中破茧成蝶、淬火成钢。由于战"疫"课堂成果显著,在新冠肺炎疫情防控工作中表现突出,支部受到学校党委通报表彰。

(三)"鸽"声课堂拓展党建阵地,传导强大真理力量

支部书记刘金鸽作为河南省委理论宣讲团成员,带领支部教师积极拓展党建阵地,多次走进政府机关、党校、社区、乡村等地进行理论宣讲。宣讲活动被群众喻为"鸽"声课堂,把"普通话"改为"地方话",把"书面语"转化为"聊家常",宣讲内容接地气,语言有烟火气,群众听得

懂、记得住、用得上。"鸽"声课堂坚持以党员群众为中心，谈改革、话奋斗、说梦想，使理论宣讲强信心、聚民心、暖人心、筑同心，把党的创新理论讲好、讲实、讲活、讲清、讲透，讲出党对群众的暖心话、贴心话、奋斗话，使党的创新理论"飞入寻常百姓家"。近两年理论宣讲共在校外开展40多场次，覆盖1万多人次。

（四）云端课堂讲述网络思政课，凝聚炙热红"心"力量

疫情严峻期间为做到"停课不停学"，支部教师第一时间开设了云端课堂，通过音频、视频、微信、微博、微课堂等现代信息技术丰富网络课堂形式，使网络课堂"动起来""火起来""新起来"。支部教师添加网络课程资料300份，添加题库题量7213个，作业库作业添加2698个，批阅作业2790人次，学生参加网上讨论共2721人次。支部联合学校附属医院制作"战'疫'有我，让党旗高高飘扬"微党课，在全国高校思政网和学校网站进行展示，并作为教学资源在课堂上进行运用，教育引导学生在国家需要时敢于坚定地站在一线、干在一线、扎根一线，收到了良好的成效。

（五）田野课堂助力党日活动，实践育人勇担使命

支部教师坚持思政小课堂与社会大课堂相结合，开设了"田野课堂"，带领青年学生走出校园、走进基层、融入社会。支部开展"坚持党建引领，助力乡村振兴——赴新郑市龙湖镇泰山村"主题党日活动，针对农村基层党组织在"三农"工作中的作用发挥情况进行调研，走进农家同村民"手拉手话幸福"，体会农民的幸福感、获得感以及对美好生活的期盼；赴郑州市郑汴路社区开展"共筑中国梦，中原更出彩"主题党日活动，就思政课涉及的城市治理和基层党建方面内容进行调研，有效探讨党建工作的重点、难点和务实管用的方式方法；赴固始县皮冲村、卢氏县兴贤里社区等地就脱贫攻坚进行考察，实地感受脱贫致富带来的新变化，也深深领悟"扶一把，站起来"的扶贫精神实质；赴濮阳西辛庄进行主题党日活动，深刻领悟吃亏奉献精神在农村党建和乡村振兴中所发挥的积极作用。田野课堂进一步拓展了学用结合、社会调查的育人路径，引导青年学生做到学思践悟、知行合一，把论文写在祖国大地上。

（六）红色课堂传承红色基因，固本培元筑牢根基

支部十分注重讲好新时代红色故事，大力推动红色主题教育进校园、进课堂、进心田。支部多次组织赴邓小平故里、朱德故里、新县鄂豫皖苏

区首府革命博物馆、卢氏红二十五军军部旧址、冀鲁豫边区革命根据地旧址等地开展红色教育活动,并将活动中收集到的教学素材融入思政课堂,使青年学生在回望血雨腥风、波澜壮阔的光辉革命历程中,接受深刻的精神洗礼和党性教育,坚定为党和人民奋斗奉献的初心和使命,坚定为振兴中医药事业做出努力和贡献的决心和信心。

三、深入思考

2021年1月27日,教育部公布首批全国党建工作样板支部培育创建单位验收通过名单,河南中医药大学马克思主义学院马克思主义中国化研究党支部通过验收。在喜迎中国共产党百年华诞之际,总结经验,展望未来,支部深深感受到从构建长效机制上入手,从突出政治功能的视角来锤炼样板支部提质增效的重要性。

(一)政治建设统领是党建与业务深度融合的灵魂根基

支部坚持"马院姓马、在马言马"的鲜明导向,以党的政治建设为统领,做到旗帜鲜明讲政治,先后启动"党性锤炼""选树标杆设立先锋岗""党在我心中""五个一""思政讲堂"等系列活动,推进了基层党建、教学、科研、人才培养等工作协同开展,持续营造学的氛围、严的氛围、干的氛围。只有坚持以党的政治建设为统领,党建工作才有高度,业务工作才有力度。

(二)全面从严治党是确保基层党建工作质量的根本保证

始终坚持全面从严治党,马克思主义中国化研究党支部在政治立场、政治方向、政治原则、政治道路上同党中央保持高度一致,牢固树立起了大抓基层、严抓基层的鲜明导向,为支部党建工作质量提升提供了坚强保证。

(三)发扬党内民主是增强基层党组织凝聚力的活力源泉

支部注重发扬党内民主,凡涉及发展党员、评先评优、师生利益等事项,均严格执行党务公开制度,广泛征求群众意见,集思广益,工作公开透明,做到民主决策、民主管理、民主监督。只有基层党支部充分发扬民主,才能有效调动师生们比贡献、当先进的积极性,才能形成干群同心、师生同向、共推发展的良好氛围,才能充分彰显基层党支部的凝聚力和向心力。

（四）构建长效机制是加强基层党建工作的长久保障

按照新时代党的建设总要求，学校党委注重顶层设计，深入研究基层党建工作面临的新情况、新问题，出台了40余项基层党建制度，构建了一套立体化和全景式的基层党建工作领导决策机制、民主保障机制、责任监管机制、质量评价机制。全校基层党建工作方向明、思路清、措施实、风气正，这种学校层面加强引导、基层层面强化执行、党员师生共同参与的党建工作模式是样板支部顺利通过验收的动力源泉和坚强后盾。

不忘初心　求真务实
党建、团建"比翼齐飞"
——湖南理工学院信息科学与工程学院教师第二党支部创建工作特色案例

涂　兵

一、支部简介

湖南理工学院信息科学与工程学院教师第二党支部为湖南省普通高校"示范工程"之党建工作样板支部。支部坚持以习近平新时代中国特色社会主义思想为引领，坚决贯彻新时代党的建设总要求，在湖南理工学院党委领导和信息科学与工程学院党总支指导下，遵照《中国共产党章程》《中国共产党支部工作条例》《中国共产党党员教育管理工作条例》和《中国共产党发展党员工作细则》等系列党内法规制度开展党务、党建工作。

支部成立于2016年11月2日，由电子信息工程、自动化、电气工程及其自动化三个专业的专任教师组成，目前支部总人数为23人，女同志6人，男同志17人，其中教授2人，副教授8人，研究生学历为100%。涂兵同志任党支部书记，李湖胜同志任党支部副书记，张敏同志任组织委员，欧先锋同志任宣传委员，程望斌同志任纪检委员，支部委员会成员选优配强，人员稳定，结构合理，职责明确，党支部战斗堡垒作用得到有效发挥。

支部各项工作扎实有效，在学校立德树人工作中发挥出样板支部的示范引领和辐射带动作用。支部获湖南省普通高校"示范工程"之党建工作样板支部、湖南理工学院"五化"建设示范党支部、湖南理工学院先进基层党组织等荣誉，更值得指出的是，支部指导的学生IIP（Laboratory of Intelligent-Image Information Processing）创新实验室团支部荣获"全国五四红旗团支部"称号。

二、特色经验

（一）党建工作扎实有效：勇于创新、树立品牌

支部严格落实"三会一课"制度、民主评议制度、组织生活会制度，按期组织党员大会、党小组会和上党课，定期召开支部委员会议。党支部每年年初制定"三会一课"年度计划，并报信息学院党总支审批、向学校党委组织部报备，每年都会超额完成既定任务，如 2020 年度共开支委会 10 次（含线上会议），开展主题党日活动 9 次，召开支部党员大会 4 次，上党课 5 次，召开民主生活会 1 次。

支部及时召开专题组织生活会，了解党员教师的真实情况，支委成员广泛听取意见、深入谈心交心，在会上认真查摆问题、深刻剖析根源、明确整改方向，会后逐一整改落实。"红星云""学习强国"上形成了你追我赶、相互监督、及时分享好文章的良好氛围，实现党员线上自学、线下集中学习的无缝衔接。党支部自身建设、述职评议考核、经费保障等制度配套完善、执行到位、运行有效，党支部规范化制度化水平有效提升。同时，支部积极组织党员开展主题学习、节日纪念、志愿服务群众等活动，计划明确、台账清晰、主题鲜明、形式多样、内容丰富、效果明显。正是由于大家的共同努力，支部荣获了湖南省普通高校党建工作样板支部称号。

（二）党建引领团建：立德树人、成果丰硕

2013 年，鉴于许多学生对专业的浓厚兴趣，对知识的强烈渴望，但又缺乏完备的实验室和实验平台，也缺乏专业老师的指导，在涂兵书记和支部核心骨干成员的共同努力下，支部着手创建了 IIP 创新实验室。这个以智能、图像、信息为主体，开展机器学习、机器视觉、图像处理相关基础与应用研究，立足培养学生科研实践能力的创新实验室，短短几年间就获奖无数，为人才培养探索出了"实验＋比赛"的新模式。

IIP 实验室自成立以来就取得了优异的成绩：世界大学生数学建模竞赛一等奖 3 项，全国大学生课外学术科技作品竞赛三等奖 1 项，全国研究生数学建模竞赛一等奖 1 项、二等奖 3 项，湖南省研究生数学建模竞赛一等奖 1 项、二等奖 1 项，湖南省大学生课外学术科技作品竞赛一等奖、二等奖、三等奖各 1 项，湖南省大学生创新创业大赛三等奖 1 项，湖南省大学生研究性学习与创新性实验计划项目 3 项，湖南省研究生科研创新项目

重点项目 2 项、一般项目 1 项；在国际权威期刊发表学术论文 30 余篇，获授权专利 23 项……短短几年间，支部成员着手创建与全力打造的 IIP 创新实验室在国内外竞赛中崭露头角，如今已拥有团员 166 名、党员 10 名，其中优秀团干 48 名。支部成员还建立了湖南省首个实验室团支部，努力将团组织的基本职能与学术科研融合，并提出了实验室"创新、开放、协作、共享"的理念，与学生们一同大胆创新、开放思想、协作科研、共享成果。

此外，在当前新冠肺炎疫情的严峻形势下，支部动员 17 位实验室团支部成员参与了所在社区的志愿服务活动，用实际行动为抗"疫"贡献力量，并连续开展多场抗"疫"故事主题线上团课，积极利用线上交流平台，号召支部成员积极捐款，为抗疫献爱心。同时，为响应教育部"停课不停学"的号召，引导青年团员在疫情防控期间坚持学习、保持健康并不断提升自身，充分利用线上途径，组织策划特色线上活动，做到了支部活动不停滞、学习不放松、成员不落下。

正是在支部党员教师的大力帮助和学生们的刻苦努力下，IIP 创新实验室团支部荣获"全国五四红旗团支部"称号，为湖南省高校系统唯一获此殊荣的团支部。

（三）红色主题党日系列化，不忘初心、牢记使命

支部位于湘赣鄂红色革命根据地岳阳，十分注重讲好新时代红色故事，开展了系列红色主题教育活动，并将其融入课堂。支部多次赴平江起义纪念馆、任弼时和杨开慧故居、新墙纪念馆、华容何长工纪念管、长沙雷锋纪念馆、湘潭伟人毛主席故居、江西庐山红色圣地等红色革命圣地。支部成员们收集了一手红色教学素材，做好专题红色教育课程思政，如盐入水，润物无声，使青年学生在回望血雨腥风、波澜壮阔的光辉革命历程中，接受深刻的精神洗礼和党性教育，坚定为党和人民奋斗奉献的初心和使命，通过培育创建工作走出了一条党建育人之路。

也正是因为如此，支部全体党员教师在教学科研方面勤奋工作，积极参与各类教研活动，支部管琼同志在 2017 年湖南省青年教师教学竞赛中取得一等奖第一名的好成绩，并荣获"湖南省普通高校教学能手"称号。

三、深入思考

在庆祝中国共产党诞辰一百年之际，作为高校基层优秀党组织，总结经验，展望未来，支部深深感受到在工作理念、优化机构设置、主题党日

129

创新等方面来锤炼提升样板支部的重要性。

（一）创新高校基层党建工作理念

当前，我国高校的发展已逐步转变为内涵式发展，高校基层党建工作面临着诸多新的挑战。高校基层党建工作尤其需要与时俱进，以新思想、新理念强化高校人才培养新理念，有效融入人才思想教育中去，以创新的思想推进高校基层党建工作的顺利开展，汲取过去党建工作之精华，同时也必须去其糟粕，譬如工作制度流程复杂冗余，党建工作形式应该多样，避免形式主义，这就需要工作理念跟上时代发展的潮流。

（二）持续优化高校基层党组织

作为与学生团建工作齐头并进的优秀党组织，也应积极发现支部在设置中存在的某些问题，并积极改进，不断优化设置方式，构建更加科学完善的支部。首先是建立教学、科研、管理、服务等相对独立且稳定的教职工党支部。依托学科团队、教学团队、科研平台等组建的教职工党支部，将更易于贴近中心、围绕中心开展党建工作，更易于在学科建设、专业建设等院系发展过程中充分发挥政治核心作用，让党建工作贯穿院系发展全过程，一切为了学生，进一步做好党建引领团建工作，并保证优势"实验＋竞赛"模式。其次是根据学院特色，探索建立"横纵结合"的研究生党支部，可按学科、年级设党支部，也可跨年级按学科专业组建临时党支部，或组建师生共建党支部，以利于研究生党员群体的教育管理。同时，研究生支部可与本科相关专业支部"牵手"，有利于发挥高年级老党员的"传帮带"作用。此外，探索以学生社团、宿舍为单位设置学生社团、公寓党支部或党小组，以期在学生社会实践、生产实习、毕业实习、社区管理等方面依靠党组织的力量，加强对学生的管理和教育，从而实现党的组织工作全覆盖。再次是构建更加细致的网络化党支部，充分利用互联网的优势，实现随时随地的学习交流。

（三）创新基层组织活动形式

对于高校教工基层党组织而言，存在党员教师时间难以统一、参加活动兴趣不高等老大难问题，必须创新党基层组织活动形式才能有效推进党基础建设。支部活动应该充分利用时间和地点这两个因素恰当准确地开展党建活动：选择在重要的节日，结合党的重要思想方针，定期开展党建活动；充分利用地方特有优势，创新党建活动，将室内活动向户外活动转变，走进革命遗址、烈士纪念馆，去感受先辈们的精神，进而升华思想，提高个人思想觉悟。此外，在当前疫情依旧不太乐观的情况下，利用一切便捷有效的手段组织学习活动，如网络学习平台、党员微信群等，积极开展线上红色教育活动，充分利用线上与线下相结合的方式有效推进党建工作。

聚焦品牌建设 打造特色双融双促党建之路
——暨南大学马克思主义学院第四党支部创建工作特色案例

张龙平

一、支部简介

暨南大学马克思主义学院第四教工党支部现有7名党员,主要由承担内地高校学生思想政治理论课和港澳台侨学校学生国情教育课的一线教师构成,其中教授两人、副教授两人、讲师两人、行政人员一人,除行政人员外,全部为博士学历,是一个老中青搭配、结构合理的基层党支部。在多年的党建与教育教学中,支部结合自身所从事的马克思主义教学、科研、社会服务工作实际,结合华侨学校港澳台侨学生众多的特点,紧紧围绕"习近平新时代中国特色社会主义思想的海内外传播"开展党建工作,着力打造党建与业务双融双促的特色品牌。

经过多年的建设,支部屡获佳绩,收获中宣部"四个一批"人才、全国优秀教师、全国高校思想政治理论课教学展示标兵、南粤优秀教师、广东省理论宣传优秀青年人才、国家级教育教学成果二等奖、连续四届获得广东省教学成果一等奖、国家级精品课程、国家精品资源共享课程、国家精品在线课程开放课程、教育部全国高校思想政治理论课教学展示一等奖、广东省高校青年教师教学竞赛一等奖、广东省高校教师党支部书记素质能力大赛一等奖等荣誉。这些成果无一例外都是聚焦"习近平新时代中国特色社会主义思想的海内外传播"这一共同主题,充分彰显党建与业务双融双促在这一支部建设的主攻领域取得的实效。

二、特色经验

马克思主义学院是高校传播马克思主义的主阵地,肩负着习近平新时代中国特色社会主义思想进学校、进课堂、进头脑,乃至进基层、进网络的重任。支部作为马克思主义学院的下属支部,工作性质决定了党建即业务，业务即党建，支部的党建活动与教研室的业务工作已融为一体。党的十九大以来，支部书记带领支部全体党员以"习近平新时代中国特色社会主义思想的传播"为主要抓手和支部建设的主要特色，充分发挥专业优势，统筹谋划，明确分工，利用课堂、社区、网络以及学校的海外校友资源和广泛影响，连通课内课外、校内校外、线上线下，搭建多维传播矩阵格局，形成支部党建创新工作品牌，多点发力，久久为功。

（一）对学生，强阵地

支部以"四加二"课程为主干，整合党员教师的力量，搭建覆盖全员的习近平新时代中国特色社会主义思想教学体系。支部成员均为一线思政课教师，决定了课堂教学是传播习近平新时代中国特色社会主义思想的主阵地，通过本科4门思政课程，尤其是"毛泽东思想与中国特色社会主义理论体系概论"、广东省教育厅开设的"马克思主义中国化进程与当代青年使命"，以及支部团队在校内开设的选修课程"习近平新时代中国特色社会主义思想概论"，构建一套完整的、覆盖全员的新时代思想教学体系。

（二）对大众，强基础

支部以党员教师为主体打造宣讲团队，以新时代红色文化讲堂及各种面向基层的宣讲，推动习近平新时代中国特色社会主义思想的大众化。支部党员利用业余时间，分片区到广东省内各基层乡镇、社区、工厂、农村，面对社会大众进行宣讲，年均100余场，及时将党中央的声音以接地气的方式传播到南粤大地。

（三）对网络，强舆论

支部以"微言国是""吴昱则刚"两大微信公众号，不定期推送支部党员的马克思主义中国化原创成果，推进习近平新时代中国特色社会主义思想的时代化。"微言国是"基本保持每天一篇的更新速度，"吴昱则刚"已发表近300篇支部党员的原创文章，以独特的视角分析舆论场域中的新鲜问题，在网络发出支部党员的最强音。

（四）对海外，强特色

支部党员教师结合我校丰富的境外生资源，打造具有鲜明特色和国际影响的境外课程体系，目前已形成较为成熟的"中国传统文化""中国社会发展导论""道德与法治"课程体系，通过课程向海外学生传播中华文化，讲好中国故事，以实际行动践行习近平总书记视察暨南大学重要讲话精神。

（五）紧跟新思想脉动，与党中央保持一致

支部通过持续不断的传播习近平新时代中国特色主义思想，让党员教师时刻了解党中央的精神，了解习近平新时代中国特色社会主义思想的新发展，在思想上、行动上与党中央保持高度一致，同时将新思想及时传播给学生、大众。

（六）以新思想传播促教学，展现鲜明教学特色

新思想的传播既是党建活动又是教学活动，支部团队在传播新思想的过程中，组成党建团队、教学团队，不断总结凝练，形成鲜明的党建、教学特色，支部团队已连续多次斩获教学、党建类奖项。

（七）以新思想传播促育人，各类人才不断涌现

在传播新思想的过程中，支部发扬老中青党员传帮带的优良传统，一批支部党员，尤其是青年党员脱颖而出，成长为国家、广东省高层次人才，逐步成为学院建设发展的中坚力量。同时，支部成员不忘初心，牢记使命，为社会奉献大爱，支部某党员近三年已向基层单位和贫困学生捐款13.5万元，充分体现出共产党员的人民立场与人民本色。

（八）以新思想传播进基层，产生广泛社会影响

支部党员在基层讲授党课近千场，遍布广东省各县市基层乡镇，在当地干部群众中形成良好的口碑，并引发了不少媒体的报道，已在基层产生广泛的社会影响力，为推动马克思主义大众化作出了新贡献。

（九）以新思想传播进头脑，提升港澳学生国家意识与爱国精神

在支部党员的教学教育与日常行为感化下，在校就读的港澳台侨学生国家认同感明显增强，他们也积极地将中华优秀传统文化与中国故事传遍五洲四海。来自香港的学生在毕业之际说道："最大收获是见证内地飞速发展，触摸祖国的历史，懂得站在历史高度看待祖国内地与香港之间根与叶的关系。"港澳青年对国家、民族能有更清醒的认识，这是支部工作最大的成效。

三、深入思考

（一）聚焦新思想"传播"，打造党建品牌

加强与改进党的建设是中国共产党的优良传统，在新时代如何让支部建设出新出彩，避免党建的同质化，是支部多年探索的问题。为解决这一

问题，在几任党支部书记的带领下，支部党员结合所从事的工作，将党建的中心放在新思想"传播"上，积聚力量攻其一点，打造特色党建品牌，连通支部、课堂、学校、社会、网络、海外，构建传播体系，形成传播合力，致力于在不同空间形成共振，扩大影响。实践证明，这是一套对于基层党建工作行之有效的工作思路，在基层支部党员成员有限、资源有限、业务繁重的情况下，若不集中力量攻其一点，采取大而化之全面撒网的方式，是难以深入持久的，支部集中力量聚焦"传播"，打造品牌，代代传承，可以防止因人事变动对支部建设产生的影响，形成长效机制，具有可推广性。

（二）支部建设应充分结合业务工作，双融双促

一段时间以来，基层党建工作的一项难题是一些党员将支部工作当成"负担"，因此对支部工作采取"应付"态度，基层党组织建设显得涣散，其中一个重要原因就是党建与业务工作"两张皮"现象，党建归党建，业务归业务，没有有效地融为一体。支部聚焦"传播"这个点就是着力推进党建与业务双融双促，因为传播习近平新时代中国特色社会主义思想是马克思主义学院的业务中心工作，也是党建的中心工作，二者原本就是融为一体的，这就可以让我们的党员同志在从事党建工作的同时，也可以从事业务工作，甚至以党建工作带动业务工作，在"传播"新思想的过程中增长业务能力，提升党员教师的教学、科研能力，对于党员教师的持续发展和职业生涯都大有裨益。

（三）支部建设应充分考虑学校的特点，善于运用学校、社会的资源

我校是直属于中央统战部的华侨最高学府，在校就读的港澳台侨学生人数众多，支部的党员大多从事港澳台侨学生的教学工作。因此，我们在从事新思想"传播"工作时，特别注重将港澳台侨学生纳入其中，向他们讲好新时代的中国故事、中国共产党的故事，着力引导其增强爱国意识，将教育、统战与党建工作结合起来。这便成为我们支部建设区别于其他高校支部建设的最鲜明特点，也更有助于形成具有标志性的党建品牌、党建成果。

筑牢立德树人堡垒　当好课程育人先锋
——华南农业大学数学与信息学院应用数学教工党支部创建工作特色案例

曹　静

一、支部简介

华南农业大学作为全国 25 所"三全育人"综合改革试点高校之一，将课程思政建设作为改革重点任务，逐步推进课程思政全覆盖，全面提升课程育人功能。学校数学与信息学院应用数学教研室每年承担着近万个标准学时的公共数学基础课教学任务，是学校课程思政改革的主力军。

应用数学教工党支部成员主要来自教学团队，现有成员 22 人，其中博士 14 人，硕士 8 人；教授 2 人，副教授 15 人，讲师 5 人。在校、院两级党委的领导和学校党委组织部的指导下，支部深入贯彻落实立德树人根本任务，将课程思政建设作为推动支部党建和业务双融双促的着力点，聚焦课程思政建设中存在的突出问题，以党建为引领，强化教师育人初心使命，提升教师育人能力水平，切实推进数学类课程思政建设，培育更多时代新人，将支部打造成立德树人的坚实堡垒，将党员队伍锻造成为党育人、为国育才的教学先锋。

支部在课程思政建设方面率先示范，成效显著。支部党员先后获得广东省"南粤"优秀教师、华南农业大学教学名师、华南农业大学十佳教师、"广东省千百十人才工程"省级培养对象和校级培养对象等荣誉；支部党员教师指导学生参加省级以上学科竞赛并获得多个奖项。

二、特色经验

（一）强化政治引领，树牢育人初心使命

作为高校教师，老师是第一身份，教书是第一工作，上课是第一责任。支部始终聚焦育人工作，引导支部党员不断强化育人责任意识，提高政治站位，落实立德树人根本任务。

一是在党员专题教育中强化初心使命。支部以"两学一做"学习教育、"不忘初心、牢记使命"主题教育为抓手,组织党员深入学习贯彻习近平新时代中国特色社会主义思想;结合建党100周年庆祝活动,扎实开展党史学习教育,以及新中国史、改革开放史、社会主义发展史教育。同时,结合学校实际,深入对标学习"全国优秀共产党员"、老校长卢永根院士的先进事迹,更加坚定地认同"课堂是育人主渠道、课程思政建设是硬任务"。

二是在日常教育教学实践中践行初心使命。支部将课程思政建设作为党建重要任务,明确党员育人责任清单,要求党员教师积极探索课程思政建设,将工作表现和成效纳入组织生活会和党员民主评议的内容。支部书记曹静主动带头,党员教师积极参与,以课程思政建设强化育人效果已成为支部成员的思想共识和行动自觉。支部活力和党员示范力进一步增强,支部书记曹静荣获2020年广东省首届教师党支部书记素质能力大赛一等奖及微党课优秀奖,支部成员房少梅获评2017年学校"优秀共产党员"。

(二)抓牢"1+1"主题学习,提升育才能力水平

推进课程思政建设,关键在于教师抓课程育人能力的提升。支部注重通过开展系列学习培训来提升教师课程思政建设能力。

一是抓政治理论学习。支部依托"三会一课"、主题党日等组织活动,深入学习习近平总书记关于教育的重要论述,为教师开展课程思政教育指明方向。

二是抓业务技能学习。支部定期举办"先锋讲坛""教学大讨论"等活动,组织教师学习领会《高等学校课程思政建设指导纲要》等文件政策,明确课程育人目标、任务、重点内容,进一步帮助教师熟悉和掌握数学类课程思政实施的路径和方法,提升课程育人的实效性。教师育人水平不断提升,2017年以来,支部党员获省级教学竞赛一等奖、校级"教师名师","十佳教师""优秀班主任"等十余项荣誉。

(三)抓好示范引领,扎实推进课程思政示范课建设

支部重点抓党员示范和打造课程思政"示范课",以形成示范带动效应。

一是突出党员示范。支部成立课程思政建设攻关党员先锋队,以党小组为单位,由教学名师牵头,深度挖掘课程内容和教学方式中蕴含的思政元素,注重将"科学思维方法训练和科学伦理教育"融入课程教学。支部

建立党员"一帮一"机制,带动青年教师全面提升课程育人能力。

二是突出组织带动。支部与学校的全国"双带头人"教师党支部书记张伟峰工作室所在的党支部结对共建,选取"概率论""线性代数"等课程进行重点建设,共同推进示范课的开发工作。

三是突出弘扬先进典型。支部注重发挥"四史"育人重要功能,将党史学习教育潜移默化地融入课程思政教育教学实践中,将党史知识有机融入学科专业知识的讲授中,用专业学科领域著名专家学者的爱党心、报国情、强国志激发大学生的学习兴趣和责任担当意识。示范课建设成效明显,"线性代数"获评国家级线上、线下一流课程,其慕课入选广东省精品在线开放课程,得到"学习强国"APP推广,学生满意度为100%。

(四)延伸"第二课堂",畅通思政教育"神经末梢"

支部注重"第一课堂"和"第二课堂"的育人融合,拓展课程思政建设的方法和途径。

一是深化师生支部结对共建。支部与数学系研究生党支部、本科生党支部结对共建,共同开展组织生活,邀请学生参与备课讨论,听取学生对课程思政效果的反馈意见,形成教学相长的沟通机制;组织师生党员共同参观卢永根陈列展、办公旧址等红色教育基地,实地开展体验式思政教育,增强师生党员党性意识。

二是深化党员帮扶指导。支部党员"一对多"结对学生团队,积极指导学生参加省部级学科竞赛、校紫荆科技文化节、院"IT科技文化节"等,带领学生开展社会实践、实习实训等活动,参与将思想政治教育融入学生实践活动,促进学生成长成才。支部育人成效进一步彰显。应用数学教研室课程覆盖非本专业学生达1.8万人次,课程思政融入教学广受学生欢迎,课堂思想引领成效明显,学生评教成绩优异,多名党员教师的成绩位居同行前列。支部直接辐射本专业252名学生,引导带动了88.5%的学生申请入党,其中38人加入了中国共产党。111名学生获得国家奖学金等各类奖学金,占专业学生总数的44.0%。2017年以来,支部党员教师指导学生参加学科竞赛获得国家级二等奖2项、省级奖项58项。

三、深入思考

作为以教学团队为主要力量的党组织,支部聚焦教育教学工作的问题,找准党建与业务双融双促的结合点、着力点,充分发挥党员教师的先锋模范和示范引领作用,构建长效机制、突出政治功能、锤炼支部建设,推动业务工作不断发展。

(一) 抓好思想引领，是建强党员队伍的基础

本支部针对党员对课程思政教育存在畏难情绪、不熟悉工作要求、不能有效开展课程思政教学的现状，通过开展政治理论学习、党员帮扶指导等方式，统一思想认识，明确工作方向，增强党员落实工作的思想自觉和行动自觉，为建设一支讲政治、懂业务的教育先锋队伍奠定基础。

(二) 发挥先锋示范作用，是推动支部建设和中心工作深度融合的重要抓手

支部组建党员先锋队投入课程思政建设攻关，引领教育教学改革；党员充分发挥育人先锋作用，带头开展课程思政教育教学、指导"第二课堂"建设，示范带动教研室全体教师深耕课程育人一线，取得较好成果。

(三) 深化支部共建，是增强支部组织力的关键

支部将课程思政建设作为切入点，开展教师支部间、师生支部间的结对共建，有效地将理论武装、组织生活等支部工作与教育教学工作有机结合，党建和业务双融双促更加有效，支部的战斗力、凝聚力、向心力进一步增强。

(四) 加强基层党组织建设，是落实立德树人根本任务的必然要求

华南农业大学是广东省首批"党建工作示范高校"，学校党委以党的政治建设为统领，树立一切工作到支部的鲜明导向，聚焦基层党建工作重点难点，选优配强支部书记队伍，抓严抓实党员教育管理，健全完善基层党建工作体制机制，不断增强党支部组织力，打通贯彻落实总书记、党中央决策部署"最后一公里"，推动教育、教学、科研等中心工作高质量发展。

强党建引领 助创新发展
——河池学院人工智能与制造学院第二党支部创建工作特色案例

何奇文

一、支部简介

河池学院人工智能与制造学院（原物理与机电工程学院）第二党支部成立于2018年10月。自成立以来，在学院党委的领导下，支部茁壮成长。如今支部共有党员31名，其中正式党员12名，主要由电子电气系教师和物理系教师、物理学专业和建筑电气与智能化专业学生组成。支部书记何奇文，副书记尹向宝。

几年来，支部以提升组织力和加强党建工作为重点，积极强化党支部的政治功能，不断打造和锤炼"团结、奉献、创新、服务"的团队文化，坚持求真务实、奋发有为、勇于担当、敢为人先的工作作风。支部不断加强基层党组织建设，充分发挥共产党员的先锋模范作用，提高基层党组织的战斗堡垒作用，较好地完成了上级党组织所赋予基层党组织的基本任务。在"双高带头人"、支部书记何奇文教授的带领下，支部始终坚持"将支部建设融入专业建设，将党建工作融入学习生活"，形成党员崇尚先进、学习先进、争当先进的良好氛围，不断鼓励和支持党员积极参与各种服务地方、专业人才培养、科学活动以及相关学科专业竞赛中，让支部成员在德智体美劳方面得到全面发展，也确保了整个支部工作始终充满活力，发挥好思想引领作用，为学院教学、科研等工作的顺利开展奠定坚实的思想基础，提供有力的组织保障。

二、特色经验

（一）因地制宜抓思想，紧跟形势促党建

对于思想建设，支部坚持把抓好个人的理想信念教育作为党支部的首要任务。对于思想教育，支部不仅采用个人学习和集中学习相结合的方

式,还把红色文化基因传承、党史学习教育贯穿于丰富多彩的工作和学习生活中。支部以"两学一做"为抓手,规范党员以及入党积极分子的党课学习以及培养考察,强化入党积极分子对党的正确认识,提高全体党员的党性修养。

不断坚持学习是思想建设的第一步,支部注重新思想的学习,以打好党建的基石,每月都会有两次党小组学习会议,每周按时召开党员会议。党小组学习会主要是党员分享与党有关的知识以及思想,分享后大家进行交流讨论,这样能有效提高大家对党的思想的学习效率,能使每一位同志都参与其中,可以有效提高全体同志的党性修养。

支部开展创新式学习,把学习带到生活中,严抓思想建设,更要落实到每一位同志的生活中。在实践中弘扬红色文化,传承红色文化,支部开展了"烈士陵园祭扫""缅怀革命先烈党日活动"等活动,在活动中,党员师生们能够了解到党的发展进程,学习到有关的红色文化,传承先烈的革命精神。支部注重新思想的学习,为此,支部多次组织师生们召开党的十九大精神、《习近平谈治国理政》(第三卷)等集体学习会议,做到与时俱进。

支部积极响应党的号召,牢记党的宗旨,坚持从群众中来到群众中去,服务人民群众。支部与宜州区第一小学党支部保持共建,与宜州区科学技术协会、宜州区第一小学等组织和学校联合开展课外科技辅导、科普知识宣传、机器人无人机培训等系列活动,将党建工作很好地融入服务地方中去,既锻炼了党员师生的专业知识实践能力,又通过实践让党员师生深刻体会什么是为人民服务。

在发展党员方面,支部一直坚持原则,严格遵守党章以及发展党员的流程,抓好对党员的考察工作,重视入党积极分子的培养,完善发展党员的制度,教师党员时刻关注学生党员的思想学习状况,学生党员帮助入党积极分子加深对党的了解,端正入党动机,做到成熟一个发展一个。

(二)教学科研引领方向,创新党建发展

支部始终坚持抓党建促工作,"将支部建设融入专业建设,将党建工作融入学习生活",不断鼓励和支持党员积极参与各种服务地方、专业人才培养、科学活动以及相关学科专业竞赛中,让支部成员在德智体美劳方面得到全面发展。

以支部党员为主体的河池学院 BIM 工程技术研究中心,现为中国电建集团中南院勘测设计研究院有限公司挂靠单位,近三年先后获得了十多项区级和近十项国家级奖项。王朝鹏等在2021年中国建设教育协会第十二届全国高等院校学生"斯维尔杯"BIM-CIM创新大赛中获得个人一等奖3项，团体二等奖2项；郑呈华参加2020年广西大学生人工智能大赛获得二等奖；李世红获得2020年广西大学物理实验比赛三等奖；黄大录、劳鑫礼、庞惠心等在2018年、2019年和2020年广西科技运动会中获得一等奖7项。支部书记作为主要成员参与两项国家自然基金课题研究，主持和参与横向项目5项，发表高水平论文5篇，获得专利10余项，指导学生参加学科专业竞赛获得省级以上奖项近10项，负责河池学院物理与机电工程学院一个自治区级特色专业建设，其中两个专业被评为自治区级一流专业。

通过对党支部参与教学科研方式的创新探索和大胆实践，人工智能与制造学院第二党支部的工作焕发出新的活力，党员之间同心同德，团结互助，并多次得到上级党委的肯定。

（三）坚持立德树人，以德为先育英才

高校党支部建设是党组织的基层有机组成部分，是党在高校教师、大学生群体中开展工作的重要基础。为做好大学生思想政治工作教育，培养和造就高素质创造型人才，支部结合学院实际情况从理论学习、创新学习、实践教学三个方面，积极开展教育实践工作。

在上级党委的指导下，支部深入贯彻学习习近平新时代中国特色社会主义思想，全面贯彻党的十九届三中、四中和五中全会精神。支部不断开展党日活动、主题党课学习会、先进典型人物事迹学习会、党员"政治生日"主题活动等，通过一系列的学习活动，加强了支部全体成员对习近平新时代中国特色社会主义思想的深入了解，加强了党员的"四个意识"，提高了党员的党性修养，筑牢了学生党员听党话、跟党走的思想根基，进一步夯实了基层党组织建设，让全体支部党员充分领悟到了作为一名党员的责任和使命，更加坚定了为人民服务的信念。恰逢中国共产党建党100周年，支部积极加强党史学习和教育，深入开展理想信念教育、党的宗旨教育、党史国史教育。支部成员坚定对党的领导信念，做到学史明理、学史增信，以昂扬姿态奋力开启全面建设社会主义现代化国家新征程。支部还结合党史学习，对如何实实在在为学院服务、为地方服务、为学生服务制定了相应的规划与措施。

支部重视以理论学习与实践教学相结合的方式来培养党员、发展党员，本着全心全意为人民服务的宗旨，增强党员的服务意识，支部开展和

参加了小学校园科学节助力、走访新生宿舍、党建共建协同共创双赢科技行、各类专业知识技能竞赛等系列活动，培养了支部全体党员以实际出发、勇于实践、开拓创新的精神品质。理论知识不能仅停留在书本上，更重要的是把学到的知识应用到实际生活中去，如此才能真正地解决实际中的问题。这样既检验了党员同志所学的知识，提升了党员同志的综合能力，又培养了党员的感恩精神和奉献意识，促进了党员同志的成长、成才。支部以建立创新型党支部为目标，努力建立一个政治素质过硬、作风优良、勇于创新的党支部，建立一支政治立场坚定、与时俱进、无私奉献的党员队伍。

三、深入思考

建党百年之际，党组织不断壮大和成熟，很多优秀的活动正在不断进行和发展。理解和应用新的思想，掌握新的方法，挑战新高度，用创新手段解决社会问题，已经成为党建工作创新的趋势。

（一）注重入党动机培养，增强入党过程透明化

支部将入党联系人制度作为重要基础，提升对入党联系人的培育、管理力度和效率，坚持透明化、合理化的党员公开制度，提升公办高校大学生党员发展工作的公平性以及透明度，降低发展党员培训过程中的失误率，对于所发展的预备党员、重点发展对象和预备党员转正者进行公示。与此同时，创建高校师生党员民主评议机制，定期进行民主评议工作，经过评判以及自我评判的方法来找到问题、化解问题。此外，还要利用集体党课以及个别谈话等形式听取更多群众的想法和意见，努力开创支部建设新局面。

（二）加强帮扶支持，让党建工作更接地气

在创新基层党支部工作模式的基础上，支部在开展基层帮扶指导活动的同时，结合支部专业优势，举办红色基地实践教育、网络党建工作宣传教育等特色活动，形成支部品牌的党建活动，促进基层党建工作深入开展。支部积极探索，在日常党建工作基础上，与红色教育基地教育相结合，在实地考察学习中促进党建工作深入开展。在实地考察学习中，教育形式不再以日常的灌输式讲话为主，而是采用启发式的讨论，使支部的党员同志都积极参与其中。通过红色基地教育品牌活动，党员同志们深入领悟先进思想精神，自觉提高党性修养，主动参与党建工作，促进党建工作

深入开展。

(三) 践行群众路线，积极服务群众

习近平新时代中国特色社会主义思想，要求坚持全面从严治党，不断增强党的自我净化、自我完善、自我革新、自我提高的能力，始终保持党同人民群众的血肉关系。在实践活动当中更能拉近党和人民群众之间情感，走进群众、了解群众才能知道他们真正需要什么，才能在真正解决他们困难的实践中更好地提升我们自己。实践是检验真理的唯一标准，把理论应用到实践当中，结合实际情况具体分析是马克思主义和马克思主义中国化精髓之所在，这也是落实习近平新时代中国特色社会主义思想的实践要求，把优势发挥出来，形成党员工作的整体合力。

"四个围绕"抓基层党建 "四个注重"显特色亮点
——华中师范大学培训中心第四党支部创建工作特色案例

陈雪玲　王国德　欧阳红

一、支部简介

华中师范大学培训中心第四党支部系教工党支部，现有成员10人。支部以"理论学习的课堂、业务交流的平台、党性锻炼的熔炉、精神认同的家园"为建设目标，勇于担当、务实重行，积极发挥了基层党组织战斗堡垒作用和党员先锋模范作用，有效促进了基层党建和业务工作双融合、双促进。

作为中组部全国党员教育培训示范基地、教育部中南教育管理干部培训中心、教育部中南高师培训中心、湖北省党政干部华中师范大学培训部等所在的基层党组织，支部以发挥高校基地优势、服务经济社会发展为目标，着力改革创新，在提升培训质量、打造培训特色、优化培训品牌等方面取得了积极成效。干训党训师训主体班示范班得到了共产党员网、全国高校思想政治工作网、"学习强国"等主流媒体的关注和跟踪报道；多门课程入选中组部和湖北省干部教育培训好课程；围绕"讲好抗疫故事、弘扬伟大抗疫精神"，结合武汉抗疫实际开发的精品培训课程社会反响热烈；与湖北广播电视台音乐广播事业部联手打造的一堂"初心如磐、使命在肩"红色音乐主题党课，享誉全国等。支部多次被学校评为优秀党支部，支部党员荣获学校抗疫先进个人表彰，2021年支部被学校评为建党100周年优秀基层党组织，在2021年全国总工会征集"我身边的党员故事"影像活动中，支部党员被作为推荐人选参加。

二、特色经验

（一）注重政治引领，扎实开展党员教育

1.突出政治功能开展党员教育。始终把政治建设摆在首位，用习近

平新时代中国特色社会主义思想武装党员头脑、指导实践、推动工作，教育党员牢固树立"四个意识"、坚定"四个自信"、坚决做到"两个维护"。认真贯彻落实党的路线、方针、政策，宣传执行上级党组织及本支部的决议，支部党员始终在思想上、政治上、行动上同以习近平同志为核心的党中央保持高度一致。支部按上级要求不折不扣落实政治学习，并且充分利用便利的业务资源早学、多学、深学，切实通过深入的政治理论学习提高了党员的理论水平和政治站位，增强了党员的政治意识和政治责任，发挥了党支部政治引领的作用。

2. 深入推进"两学一做"学习教育常态化制度化，"三会一课"制度规范落实，支部主题党日严格规范。支部委员积极谋划，密切合作，不断加强党员与支部的融合。创新组织轮值领学、轮值记录、轮值宣传等形式引导党员积极参与支部工作，形成了支部工作人人担、人人都有获得感的良好氛围。每位党员在深入参与支部工作的过程中，增强了归属感、责任感，提升了获得感和成就感，促进了支部凝聚和发展，强化了支部的战斗堡垒作用。

（二）注重先锋垂范，严格党员管理监督

1. 教育党员发挥先锋模范作用。全面从严治党落实到每一个支部、每一名党员，既有程序的要求，也有实体的内容。引导党员将组织的要求转换为个人成长的追求，在日常工作生活中看得出来党员身份。支部每位党员都在各自工作岗位上团结同志、勤勉工作，并按要求下沉社区保质保量完成相关志愿服务工作。2020年春，为抗击新冠疫情，支部党员主动担任学校突击队员和志愿者，勇担重任，用实际行动践行"关键时刻站得出来"，立起了先进标尺，树立了先锋形象。

2. 注重挖掘身边典型现身说法。支部邀请全国教书育人楷模胡豫、中宣部时代楷模万里同志为大家讲述抗疫故事，弘扬伟大抗疫精神等。典型经验、典型人物、典型事迹极大地鼓舞和鞭策了支部党员，营造了见贤思齐的浓厚氛围。

3. 严格用党章、党规、党纪规范党员行为。支部及时掌握了解党员思想动态，落实谈心谈话制度，严肃开展批评和自我批评，认真查摆和解决问题。

（三）注重深度融合，切实推进中心工作

1. 加强政治与业务的深度融合。理论是行动的指南，学习理论是为

了促进我们的事业更好、更快的发展。鉴于支部所在的干部培训、党员培训和教师培训部门业务对政治理论的高要求高标准，支部明确要求各位党员要通过深入的政治理论学习来提升业务水平，利用便利的业务资源早学、多学、深学，切实做到政治业务相互促进、相得益彰。例如，适时将培训班次中有关理论教育、党性教育的专题辅导择优发布在支部群中，为大家自主选学提供机会和保障；每次理论学习时都要求党员结合实际工作谈学习体会，并且紧紧围绕在培训工作中如何将这些重大理论问题和实践问题设置专题、聘请师资、开发资源，提升理论教育和党性教育的实效性进行深入的讨论。努力克服政治业务"两张皮"，切实推动政治与业务的深度融合。

2. 培训工作有绩有效可圈可点。政治与业务的深度融合提高了党员的政治站位，开阔了党员的事业视野，激发了党员干事创业的热情和动力。支部党员在业务部门充分发挥先锋模范作用，在人手不足、条件保障有限且疫情冲击比较严重的情况之下，培训工作开拓进取，成绩斐然。教师培训各类国培、省培项目得到各级领导和参训学员的一致好评；干部培训党员培训主体班示范班得到了共产党员网、全国高校思想政治工作网、"学习强国"等主流媒体的关注和跟踪报道；多门课程入选中组部和湖北省委组织部干部教育培训好课程；围绕"讲好抗疫故事、弘扬伟大抗疫精神"，结合武汉抗疫实际开发的精品培训课程社会反响热烈；与湖北广播电视台音乐广播事业部联手打造的一堂"初心如磐、使命在肩"红色音乐主题党课，享誉全国等。

（四）注重传承创新，致力打造党员之家

1. 传承优良传统，发扬优良作风。支部传承优良传统，发扬优良作风，坚持做好党员学习、党籍管理、党费收缴、党员激励关怀帮扶等工作；支部委员之间、支部委员和党员之间坚持开展交心谈心活动，征求党员、群众对支部工作的意见和建议；支部充分发挥每位党员所长为支部建设贡献才智。

2. 丰富活动形式，积极创新创优。支部组织部门党员群众赴武汉革命博物馆开展特色党日活动，利用工作便利组织支部党员参加红色音乐主题党日活动，聆听时代楷模现身说法，聆听政治、经济、文化等专题辅导报告，在加强党性教育的同时，也创造了机会，进一步加深了工作交流，密切了同事关系，增强了情感认同。致力以支部党的建设带动所在部门团队建设，及时了解、听取、回应意见和诉求，把党支部建成党员之家、教职工之家，增强归属感和获得感。

三、深入思考

（一）围绕教育抓基层党建：规范"三会一课"

"三会一课"作为高校党组织生活的基本形式，是加强党员日常教育管理监督的主要途径。规范"三会一课"制度是高校教师党支部开展各项党建活动的有力抓手，也是高校党员教师开展"两学一做"学习教育常态化制度化的长效机制，对于教育引导广大党员教师用习近平总书记系列重要讲话精神武装头脑、指导实践、推动工作，不断增强政治意识、大局意识、核心意识、看齐意识具有重要的作用。

（二）围绕创新抓基层党建：丰富方式方法

高校教师党建工作应具有与时俱进的思想和创新变革的意识，要针对国情社情的变化，研究新时期党员教师的思想特点和思维方式，积极探索立体化的方式方法体系，力求鲜活生动、喜闻乐见，有效破解支部活动"供给侧"落后党员"需求侧"问题，切实增强支部工作的针对性、有效性和吸引力、感染力。

（三）围绕中心抓基层党建：融合党建业务

加强高校教师党支部建设，提升教师党支部的组织力，关键在于抓好党支部书记队伍建设。要注重选配政治强、能力强、业绩突出的教师担任党支部书记，紧紧围绕院系、部门的中心工作开展基层党建，充分发挥他们在加强基层组织建设、强化支部政治功能、做好教师思想工作、推进教书育人科研育人工作等方面的骨干带头作用，切实推动新时代党建和业务双融合、双促进。

（四）围绕服务抓基层党建：践行根本宗旨

全心全意为人民服务是党的宗旨。只有做好服务，才能彰显党的先进性。作为教师党支部，必须把服务作为党建工作的切入点，努力创建服务型党组织。支部要加强对支部党员的关心和服务，将支部活动与党员教师的成长、成才结合起来，支持党员的事业发展，关心他们的生活困难，不断增进党员对支部的归属感、信任感，要加强对普通群众的服务，展现出党员的先进性。

传承师者匠心　讲好琼崖红色故事助力自贸港建设
——海南师范大学化学与化工学院教工第二党支部创建工作特色案例

陈文豪　孙元元　颜慧琼　周学明

一、支部简介

海南师范大学位于美丽的滨海旅游城市、国家历史文化名城——海口市，现有龙昆南、桂林洋两个校区，占地面积约3100亩，是省部共建高校、海南省重点大学，被誉为"琼岛名校，教师摇篮"，其前身为1949年秋正式创建的国立海南师范学院，是海南第一所公办高校，2007年更名为海南师范大学。学校现已形成了完整的高等教育人才培养体系，师范与非师范专业协调发展、学历教育与非学历教育并存发展的局面。

海南师范大学化学与化工学院教工第二党支部是海南师范大学重点建设特色支部，拥有海南省新时代高校"双带头人"教师党支部书记工作室。党支部现有党员25名，50岁以上的3名，40~50岁的2名，40岁以下的20名，支部书记、组织委员、宣传委员、纪检委员和青年委员各1名。支部全体党员均为具有博士学位的专任教师，涵盖学院化学（师范）、制药工程和应用化学三个专业，其中教授6名，副教授6名，高级职称教师占比48%，博士生导师5名，硕士生导师12名。支部2名同志入选省领军人才，7名同志入选省拔尖人才，3名同志获得"南海名家"称号，2名同志获学校"园丁奖"，1名同志获评学校"优秀教师"。

二、特色经验

（一）立足海南红色文化资源，学党史，知所来，明所往

琼崖纵队是中国共产党在海南岛领导的一支人民武装，以1927年9月海南岛农民起义队伍为基础组建，依靠海南岛各族人民，历经土地革命

战争、抗日战争和解放战争长期艰苦卓绝的斗争考验，坚持革命游击战争23年，直到1950年5月1日，海南岛全境解放，琼崖纵队改编为中国人民解放军海南省军区，隶属中南军区。琼崖纵队为中国人民的革命事业作出了重要贡献。在此期间，涌现出如张云逸大将、冯白驹、冯平、王文明等一大批有坚定共产主义信仰、富有才华的爱国将领及领导人，谱写了一篇篇可歌可泣的历史篇章。

重温那段艰苦而伟大的岁月，铭记中国共产党百年奋斗的光辉历程，认识和理解没有共产党就没有新中国、就没有中国特色社会主义、就没有中华民族伟大复兴，自觉地强化党的意识、增强党的观念，切实增强对"两个维护"的理性认同和情感认同；更加自觉地成为胸怀事关全党、事关全局、事关未来的党之大者、国之大者，不断提高政治判断力、政治领悟力、政治执行力，坚定不移把革命先辈为之奋斗的伟大事业不断推向前进。

稳定扎实推进支部活动：以"不忘初心、牢记使命"为指导思想，支部党员宣传贯彻执行党的路线方针政策和上级党组织决议，发挥支部战斗堡垒作用和党员先锋模范作用。不断完善并严格执行"三会一课"、组织生活会、谈心谈话、民主评议党员等党内政治生活制度，提高党员的理念素质、思想素质、文化素质及其各种能力素质；注重党日活动红色教育鞭策意义，支部党员同志积极参加临高角解放海南纪念馆、琼崖"一大"旧址、琼崖工农红军云龙改编旧址、冯白驹故居、母瑞山革命根据地、张云逸纪念馆等学习基地开展的琼崖革命体验教育活动，重温党的奋斗历史，缅怀革命先烈。支部党员积极参加学校"不忘初心、牢记使命"主题教育征文比赛，取得优良成绩。

（二）以立德树人为根本任务，以德立身，以德立学，以德施教

支部坚持育人为本、德育为先，把人才培养作为根本任务，把思想政治教育摆在首要位置。从不同专业课程中积极发掘文化基因和价值范式，与思政课程内容进行恰当的融合，转化为弘扬社会主义核心价值观的生动教学载体，以探索和发展对学生产生积极影响的教育方式。认真传授专业知识，以课堂教学为载体，引导学生树立唯物主义观和正确的政治方向，坚持正确的价值追求，进行"润物细无声"的理想信念的精神引领。

牢记教书育人使命担当：充分依托支部党员同志科研项目优势，为提高完善本科生素质培养，积极推进本科生导师制，吸收本科生团队参与具体科研活动，进一步提升学生专业素质，促进实验技能培养。依托大学生

创新创业平台，吸引大批优秀本科生进入实验室，通过参与科研工作，提升本科生科研热情，提高专业素养。近三年，支部党员教师指导学生获得大学生创新创业项目43项，其中国家级8项，省级14项，位列学校首位；依托国家级实验教学中心和热带药用植物资源化学教育部重点实验室教学研究平台，支部党员作为指导教师指导学生积极参与"挑战杯""互联网＋"等教育部、省级各类实验竞赛，屡获奖项，取得优异成绩，位列学校首位。

（三）加强服务社会意识，践行高校担当，铸造先锋模范创新型党支部

高校是社会文化的风向标和文明传承的引领者，发挥支部党员教师学科专业优势，秉承学校校训，不忘初心，牢记使命，增强服务意识，砥砺前行。为地方经济社会发展提供科技、文化和人才支撑，这也是党员教师义不容辞的责任和担当，在不断提高服务能力中提升党员先锋模范作用。

积极探索，开展社会服务交流：支部党员积极走访海口市生态环境保护局、海南欣龙无纺控股有限公司、海口聚能科技研究院、海南赛诺实业有限公司、海南制药厂、海口市污水处理厂和海南和畅槟榔研究院等海南省多家企事业单位，进行对接交流。与欣龙无纺控股有限公司合作开发无纺布工业化生产关键技术，获得海南省科技厅立项；与海口市污水处理厂合作申请海口市水资源调查研究，获得海南省重点研发项目资助，为下一步共同开展深度合作交流奠定基础。支部党员坚持立足地方、服务地方的想法，积极推动科普进中小学课堂，树立宣传全方位服务社会的理念。积极响应国家精准扶贫政策，支部分批次与学院其他支部同志一道组成的慰问团赴临高县龙跃村、陵水县亚欠村等扶贫点开展考察指导及科技扶贫工作，拜访慰问当地贫困户和孤寡老人。2020年春，为抗击新冠疫情，支部党员通过各种渠道（海南省科协、博士协会和学院党委倡议）积极捐款助力抗击疫情，累计近万元。

三、深入思考

支部积极打造以党建为主线，教学、科研为两翼的新发展局面，通过党建促教学、党建促科研，引领学院各项工作更好、更快发展，实现党建工作与学院建设工作同谋划、同部署、同落实，发挥党建的导向和带动作用。同时，注重与教工第一党支部，本科生、研究生党支部和团委等的深度融合交流，以立德树人为中心，围绕党建、业务共发展，努力协同开展各项工作。以"双带头人"支部书记工作室为依托平台，着力打造地域特

色鲜明、有强有力战斗堡垒作用的样板支部，做党的各项事业稳定发展的基石力量保障。

在课堂教学活动开展过程中，支部党员教师注重学生爱国情怀与责任担当意识的激发与培养，紧紧围绕教材内容，以讲故事的形式，引导学生一起查阅资料，共同探讨人类历史发展过程中的重大事件和所涉及的专业问题，穿插我国科学家在发展过程中所做出的重要贡献；在阐明实践是检验真理的唯一标准的同时，培养学生的社会责任感和担当意识，增强学生的学习动力，提高学生运用唯物主义科学世界观解决问题的意识，提高学生的民族自豪感与文化自信；在指导大学生创新创业训练、"互联网＋"等活动过程中，以培养科学素养和创新意识为核心，将科学发展与社会生活有机结合、渗透，将专业知识潜移默化、融入其中，引导学生树立正确价值观，以严谨求实的科学态度，传递敬畏生命、崇尚真理的科学精神，从而达到传播专业知识、育人和服务社会的目的。

党建引领党员示范　推进四强化聚四力
——重庆三峡医药高等专科学校公共卫生与管理学院直属党支部创建工作特色案例

杨柳清

一、支部简介

重庆三峡医药高等专科学校公共卫生与管理学院直属党支部，有正式党员17名，预备党员7名，支委成员5名。在学校党委领导下，支部教师围绕立德树人根本任务和教书育人主责主业，形成"党建引领党员示范，推进四强化聚四力"的党建品牌特色和"杨柳依依，青青我心""双带头人"工作室特色。

在新冠肺炎疫情暴发期间，师生党员抗疫事迹受到媒体报道，起到了教育助力抗疫的重要作用。2019年10月，支部被重庆市预防医学会授予2019年度"学会工作先进集体"荣誉称号；2020年1月，支部入选第二批全国党建工作样板支部培育建设名单；2020年6月，支部被重庆三峡医药高等专科学校党委表彰为2018～2020两年度先进基层党组织；2020年10月，杨柳清书记"双带头人"教师党支部书记工作室成为重庆市新时代高校党建"双创"工作培育创建单位；2021年3月，支部所办"防艾"项目获重庆市教委、卫健委"青年爱不艾"高校社团与艾滋病防治宣教活动创设项目优秀奖；2021年4月，支部党员教师所组成的教学团队被重庆市教育委员会认定为重庆市高校课程思政教学团队。学院公共卫生与卫生管理类专业在高职高专"金平果"专业综合排名位第一，学生就业率达98%。

二、特色经验

支部坚持以习近平新时代中国特色社会主义思想为指导，积极开展新时代高校党建示范创建和质量创优工作，聚焦"七个有力"党建工作标准，创新构建"四强化聚四力"党建工作模式，初步培育出具有高职特点、医药特色的基层党建思政工作品牌，党建引领作用和组织战斗堡垒作用发挥明显，有力推动了立德树人根本任务落实，促进了学院高质量发展。

（一）强化理论学习，汇聚政治引领力

一是政治学习规范化。支部党员深入学习习近平新时代中国特色社会主义思想、习近平总书记关于教育重要论述、党史和四史，读原著、学原文、悟原理，往深里学、往实里学、往心里学。2019年10月以来，全院职工采用自学与集体学习相结合和方式，开展"不忘初心 牢记使命"主题教育，进行党史学习教育、政治理论学习等。

二是组织生活有创新。支部凝练形成"主题党日＋"教育特色，通过"主题党日＋政治生日"强党性，进一步强化党员的宗旨意识、身份意识和责任意识，加强党性锻炼；通过"主题党日＋校内外支部共建"引示范，将支部经验、特色举措向其他基层党组织推广介绍；通过"主题党日＋革命教育"受洗礼，让党员教师传承红色基因，学习革命精神，践行公卫使命。

三是党建风采有宣传。以学院公众号、学院网站专栏、育人号、校外媒体等多平台为载体，加强支部在"七个有力"建设方面的宣传报道和党建风采展示。支部培育创建以来，在全国高校思想政治工作网"育人号"上发布工作动态46篇，其中包括探索创新材料6篇、建设成果7篇、建设视频1个。

（二）强化抗疫精神，汇聚支部战斗力

一是一线抗疫显身手。2020年春，为抗击新冠疫情，支部组织两支"党员突击队"支援区县抗疫，支部书记带领青年教师进入学校发热观察点，对400余例发热病人开展流行病学调查。支委委员带领党员支援奉节疾控中心，为守护百姓健康交出抗疫答卷。

二是复学复课显担当。全区复课前，支部加班加点录制"学校如何防控新冠肺炎"并下发给万州区所有的中小学、幼儿园，共有500多名校医参加学习并考试合格，为万州区复课复学提供技术支撑。三名支委成员担任卫生副校长，为重庆三峡医药高等专科学校、万州区移民小学等4所教育机构提供疫情防控技术保障。

三是党员先锋显形象。支部在疫情防控期间共撰写区县疫情研判分析报告40余篇，参与区县防控研讨会20余次，在"学习强国"、万州电视台等平台发布"新冠肺炎案例分析""公众防控措施"视频资料4个。制作"发挥支部战斗堡垒作用，用'心'彰显共产党员使命担当""筑牢支部战斗堡垒，发挥党员模范作用"2部精品微党课视频，宣传师生抗疫先进事迹，展现学院师生仁术仁心的大爱情怀。

（三）强化人才培育，汇聚核心竞争力

一是思想引领增信仰。以党建引领团建，扎实推进习近平新时代中国特色社会主义思想"进教材、进课堂、进学生头脑"。2020年春季，支部通过主题团日、学习习近平总书记给青年学生的回信等方式向青年学生开展疫情思政教育，组织聆听"抗疫回来话公卫，使命担当记心间"等活动7场次。中国共产党建党100周年之际，支部通过开展强信念念党恩跟党走、青年马克思主义者培养工程、中华魂征文暨演讲比赛等活动推进党史学习教育。支部自2017年建立以来，共培育发展学生党员14名，学生荣获国家奖学金2人次，学生获国家励志奖学金、市级优秀学生干部、重庆市第四届"互联网＋"大学生创新创业大赛奖、中华魂比赛一等奖等70余人次。

二是搭建平台育匠心。支部探索校企（院）合作、产教融合、医教协同的医学生现代学徒制育人模式，借助行业专家在技能方面的优势，使学生传承到基层公共卫生服务技术和工匠精神。支部将新生入学教育、专业教育由教室移到乡镇卫生院和社区卫生服务中心实地进行，帮助学生树立扎根基层的理念，引导学生树立正确就业观，让学生能以积极心态投入基层公卫事业工作。毕业学生中70%以上的在乡镇基层就业，部分学生已成为乡镇公卫工作骨干。

（四）强化示范引领，发挥头雁带动力

支部书记杨柳清同志作为"双带头人"，一方面抓好基层党建，积极开展新时代高校党建示范创建和质量创优工作，杨柳清工作室入选重庆市"双带头人"教师党支部书记工作室培育单位以后，探索出"杨柳依依，青青我心"党建内涵（依靠党建引领学院发展、依靠党员引领师生成才，教师奉献青春不忘初心、学生绽放青春与党同心），经验做法走在全市同类院校前列。另一方面引领教育教学改革，立足办学特色与优势，牢记使命织密基层公卫人才网底，形成人人事事时时育人格局。疫情期间，深知很多学生家长由于疫情原因无法外出务工，学生生活开支也受影响，支部书记指导党员教师对全院学生网课学习条件仔细摸排，为60余名网课条

件差的学生解决实际困难，确保家庭经济困难学生线上学习不"暂停"。支部书记作为预防医学专业带头人，负责建设的课程"基层公共卫生服务技术"将思政元素、思政思维、思政意识融入专业教学，形成"四元四进三环节"教学模式，该课程入选重庆市高校精品在线开放课程、重庆市高校课程思政示范课程，主编的《预防医学》入选教育部"十三五"职业教育国家规划教材。

三、深入思考

支部深入学习贯彻习近平新时代中国特色社会主义思想，以《中国共产党普通高等学校基层组织工作条例》为纲领性文件，继续深化"四强化聚四力"支部党建特色品牌和"杨柳依依，青青我心""双带头人"工作室品牌建设，全面贯彻党的教育方针，坚守为党育人、为国育才，培养德智体美劳全面发展的社会主义建设者和接班人。

（一）强化支部政治功能，加强师生思想引领

加强对《中国共产党普通高校基层工作条例》的深入学习，读懂、悟透、执行《条例》精神，遵照《条例》要求，坚持把理想信念教育放在首位，把政治标准和政治要求贯穿工作始终。构建"三层次三渠道"党员经常性学习教育体系，实施党员轮流领学制度，加强全院教师理论学习和党史学习教育的常态有效开展。三层次即教职员工、在校学生、实习学生，三渠道即师生自学、室内外集中学习、同行交流学习。

（二）夯实支部组织建设，提升党员整体素养

支部遵照"七个有力"建设，做好教育、发展、监督党员工作，严格支部组织生活；深化主题党日特色，增强支部生机活力，通过"主题党日＋政治生日"强党性，"主题党日＋校内外支部共建"引示范，"主题党日＋革命教育"受洗礼，让党员教师传承红色基因，学习革命精神，践行公卫使命。

保质保量发展党员，强化党员日常管理。建立党员干部联系培养学生入党制度；建立从高中到大学各阶段的入党积极分子接续培养机制；以"为民办实事"和"育人号"为载体，搭建党员先锋模范作用平台。

（三）筑牢支部战斗堡垒，服务学校事业发展

做好宣传、组织、凝聚、服务师生工作。支部充分发挥党建引领作用，立足公卫特色与优势，开展"党建＋队伍培养＋实践育人＋教学改革＋

社会服务——四+"工作模式探索，凝练支部党建品牌特色，形成可复制、可推广的党建经验。

支部坚持以习近平新时代中国特色社会主义思想为指导，聚焦"十四五"事业发展规划，围绕成渝大健康产业，服务健康中国战略，发挥专业优势，拓展社会服务和"为民办实事"内容，牢记育人主责主业，潜心培育公卫人才。

立足新时代　镌刻新蓝图
——四川美术学院造型艺术学院版画系教师党支部创建工作特色案例

付继红

一、支部简介

四川美术学院造型艺术学院版画系教师党支部现有党员 8 名。支部始终与党中央、学校党委保持高度一致，充分发挥政治核心作用，有效推进了系科的稳定、改革、发展。连续 4 年，版画系教工党支部带领系科在学校综合测评中均取得优秀等级。支部在学校党委的正确领导下，用艺术方式去唱响时代的主旋律、宣传党的指导思想、培养社会主义的接班人，受到社会、媒体、公众的一致好评。

近年来，支部先后组织学生 400 余人次，完成主题创作九套共计 283 张主题作品。开展"版画绘习近平新时代中国特色社会主义思想""版画绘习近平关于治边稳藏的重要论述""版画绘十九届四中全会重要思想""版画绘习近平总书记对重庆的殷殷嘱托""版画绘美丽新重庆""版画绘共青团十八大报告"等活动；先后结集成册作品《镌刻宏伟蓝图，铸就伟大梦想——习近平新时代中国特色社会主义思想木刻版画宣传集》《牢记嘱托，奋力前行——习近平在重庆代表团审议时重要讲话精神丝网版画宣传集》《山水之城、美丽之地，行千里、致广大木刻版画集》《将总书记殷殷嘱托落实在重庆大地上版画集》《习近平新时代中国社会主义思想版画作品集》《习近平关于治边稳藏的重要论述版画作品集》《党的十九届四中全会版画作品集》等作品。

二、特色经验

（一）坚持"教学＋创作"，服务高校"立德树人"有示范

支部主责主业意识突出，始终坚持"教学＋创作"，工作中敢于担当、积极作为，将党建工作与教育教学工作融会贯通，充分挖掘专业课中的思

政元素，开设"讲党史""画党史""画中国革命史"等课程，助力课程思政与思政课程的同心同向。在专业内涵发展中推动课程思政与版画艺术特色的结合，常态化引导、经常化组织师生开展主题创作，深入宣传党的理论、路线、方针，讲好中国故事，传承中国精神，受到了广大师生的一致好评和社会各界的普遍关注。

（二）坚持"主题学习＋主题创作＋主题实践"，服务地方发展有贡献

"主题学习＋主题创作＋主题实践"是我们学院在总结办学经验中提炼出来，抓党的建设和师生思想政治工作的一种特别有效的工作模式。支部以党建工作为基础，始终坚持"主题学习＋主题创作＋主题实践"三位一体，坚持党的理论传播方式探索与实践创新，努力学习习近平新时代中国特色社会主义思想。支部主题学习效果明显，主题创作影响广泛，主题实践成果丰硕，充分发挥了党支部的战斗堡垒作用和党员的先锋模范作用。

"主题学习"就是抓党建与思想政治工作中的关键与核心——习近平新时代中国特色社会主义思想，深入学习领会。我们的学习不是简单的读文件，而是作为教学与创作的前置程序。比如，先行告知师生，我们的下一堂课或者下一个创作任务是以党的某个理论或者某个纪念日作为主题，请大家查阅资料，在课堂上或者实验室共同讨论对某一个理论、某一个纪念日的认识体会，共同探讨可以进行创作与表现的几种手法。这个学习和讨论的过程就是我们的主题学习过程，完全就是在不知不觉中就把党的理论、党的历史等领会进去了。我们的支部活动室往往就成了我们的实验室。

"主题创作"就是将党的创新理论、重大战略、发展成就等抽象的文字，用具体的艺术语言、高超的艺术技艺转化出来，使文字向图像转变，或以图文并茂的艺术表现形式把抽象文字呈现出来。比如，我们将党的十九大报告中的"十四个基本方略"用 14 幅黑白木刻版画的方式呈现出来；将"习总书记对重庆的殷殷嘱托"用 60 幅黑白木刻版画的方式呈现出来；将"将"用 38 幅彩色木刻版画方式呈现出来；将"2019 年习近平总书记参加重庆代表团审议时的重要讲话精神"分别以丝网版画和木刻版画两种相结合的艺术表达形式，通过 30 多幅彩色版画的方式呈现出来；同时我们还创作了"行千里·致广大——版画绘重庆"的彩色木刻版画，以 40 多幅版画作品，将重庆的新面貌、新形象展现给广大观众。

"主题实践"就是立足重庆，面向西南，覆盖边疆（西藏），从农村到

城市、从中小学到高校，我们以创作的版画作品开展主题艺术作品巡展的方式，去推广、展现和宣传党的创新理论，将党的理论、党的思想、党的主张带入寻常百姓家。利用暑期社会实践的机会，支部组织党员教师和部分学生到重庆18个深度贫困乡镇，到四川西昌布拖县进行写生和创作活动；同时，把宣传新时代党的扶贫战略、乡村振兴战略的作品送到农村去展示。开展"公益宣传"——与重庆市精神文明办、重庆日报等合作，与重庆市重要的文化窗口机构联系，把作品上传媒体，构建传播学习习近平新时代中国特色社会主义的立体媒介。开展"网络传播"——将作品发布到"学习强国"平台等各级微信公众号，以制作屏保系统、建设VR展馆等形式，推动党的创新理论进入移动终端，覆盖网络阵地。

（三）坚持"思政＋艺术"，服务国家战略有创新

支部率先推出"思政＋艺术"工作创新模式，将党的创新理论、重大战略、发展成就等，用艺术语言、艺术技艺转化出来，由文字向图像转变，体系化为主题创作。立足重庆，面向西南，覆盖边疆（西藏），从农村到城市，从中小学到高校去推广、展现和宣传党的创新理论（版画作品）。进农村，突出宣传新时代党的乡村振兴战略；进牧区，筑牢中华民族共同体意识；进社区，突出宣传习近平新时代中国特色的社会主义思想；进学校，突出宣传新时代党的思想政治教育成就。其主持创作的新理念新思想新战略的相关主题作品已纳入重庆市委宣传部宣传学习"习近平新时代中国特色社会主义思想"全市巡展。《版绘习近平新时代中国特色社会主义思想》成果获得"不忘初心·牢记使命"主题教育中央巡回指导组的收藏。重庆市委主题教育办公室将其作为礼物赠送西藏自治区，作为西藏在广大党员和牧区开展主题教育的"形象教材"。其中，《镌刻宏伟蓝图，铸就伟大梦想——党的十九大精神黑白木刻版画宣传集》获重庆市委宣传宣部、重庆市文联文艺创作项目资助。"十九大主题木刻版画巡展"获得国家艺术基金展演项目资助。

三、深入思考

（一）三大主题融合，形成支部建设的核心抓手

造型艺术学院版画系支部"创作植根现实、创作带动教学、教学进入现场"，形成实践、创作、教学循环往复的螺旋形结构，为建构"主题学习＋主题创作＋主题实践"有机融合的"三全育人"文化品牌奠定了坚实的基础，形成了"三全育人"的核心抓手。为全国艺术类高校的"三全育人"工作和教育教学改革，提供了可资借鉴与复制的经验与做法。

（二）三大发展平台，建构支部建设的重要支撑

文化育人、网络育人、心理育人，既需要明确的价值导向与内容供给，更需要以符合现代大学生心理特征和时代特征的教育方式予以展开，以提高思政教育的有效性、针对性和亲和力。支部搭建青年人自我成长、自我教育、自我激励的发展平台，引导青年大学生在价值观、问题性、方法论和执行力上不断深化自身的认识和能力，为"三全育人"提供不可或缺的重要支撑。

（三）突出研究引领，提升支部建设的实践效度

支部坚持以研究引领思政工作，从宏观理论研究到微观实践不断探索，为深入开展"三全育人"提供了理论支撑和实践改革依据。设立"三全育人"研究项目，面向全体学生开展调研学生工作成效、学生发展需求、学生思想动态等，结合时代发展开展专项思政工作的创新路径机制研究，通过开展案例研究找准思政工作短板、弱项，为实践工作提供现实依据。

"奔跑吧,高数!" 创新党建交流
——四川师范大学数学科学学院教工第二党支部创建工作特色案例

唐 孝 屈加文

一、支部简介

四川师范大学数学科学学院教工第二党支部是全国"双带头人"党支部,成立于2013年,八年来在服务学生方面做了大量的工作,先后三次获批四川师范大学"党支部创新活动方案立项"重点项目,组织和开展了"奔跑吧,高数"公益大讲堂系列活动;"少数民族学生学习帮扶活动""数学考研义务辅导活动""大学生数学竞赛义务辅导活动";2020年数学科学学院教工第二党支部与四川省现场统计协会开展了结对,开展了"大学生市场调查与分析大赛"义务辅导活动,取得了3个国家一等奖、4个国家三等奖、6个省级奖项的好成绩;2020年数学科学学院教工第二党支部与四川省数学会党支部结对共建,与《天府数学》联合推出了"中高考数学公益课"活动,在2020年疫情期间免费向初高中送课18次,合计36学时;2021年"中高考数学公益课"活动正在进行中,计划为中考学生送课35次,合计70个课时。

支部现有正式党员12名,其中教授2人,副教授3人,讲师7人,具有博士学位的有7人,具有硕士学位的有5人,下设两个党小组,支部书记是院级"双带头人"教工党支部书记。

支部在学校党委和学院党委的领导下,严格按照高校基层党组织建设的要求,重点加强党支部"思想政治、组织队伍、体制机制、服务阵地"建设,着力将支部建设成为"有队伍、有活动、有阵地、有制度、有保障"的"五有"党支部,支部组织战斗力不断增强,影响力不断提升。

二、特色经验

(一)狠抓思想建设,强化党支部思想引领

支部全体党员深入学习习近平新时代中国特色社会主义思想,学习党

的十八大、十九大以及历次全会精神，深入开展"党的群众路线""三严三实""两学一做""不忘初心 牢记使命"等系列教育活动。支部认真贯彻"全面从严治党"要求，每季度召开1次党员大会，每月召开1次党小组会、党支部委员会议，积极推进"三会一课"制度。结合学校"创新组织活动申报立项"的开展，支部创新开展了系列理论学习活动，深入开展"两学一做""不忘初心 牢记使命"主题教育活动，始终把思想政治建设摆在首位，努力提高党员的思想境界，突出政治学习和党性锻炼，做到活动形式多样、氛围庄重。认真贯彻落实党的路线、方针、政策，宣传执行上级党组织及支部的决议。支部党员始终在思想上、政治上、行动上同以习近平同志为核心的党中央保持高度一致。

（二）狠抓队伍建设，彰显党员的先进性

支部设了教师"党员示范岗"，深入开展"党员先锋示范"活动，以《党章》为指导，以党建为引领，要求党员教师认真备课和批改作业、积极帮助学生处理遇到的问题、重视对学生心理健康的引导。不断促进支部教师党员党性修养和教书育人能力的提升，充分发挥基层组织的战斗堡垒作用和党员的先锋模范作用。

由于支部成员是承担全校公共大学数学课的高等数学教研室的老师，老师的个人素质和作风将会影响全校50%以上的学生。支部的党员教师们将党的群众路线植根于思想和行动，将"不忘初心 牢记使命"贯穿于教学实践的全过程。支部党员注重理论联系实际，把教研活动与组织活动相结合，把学习成果转化为工作成果，自觉在工作岗位上发挥共产党员的先锋模范引领作用。经过几年的不懈努力，支部成员在育人和教研方面均取得了丰硕的成果：由我本人主编、支部党员共同参与编写了《微积分》《概率论与数理统计》《高等数学（上、下册）》等4部国家级教材、2部省级教学参考书，其中教材《微积分》被评为省级"十二五"规划教材，《高等数学（上、下册）》被评为科学出版社"十三五"规划教材；由我主持、支部成员共同参与了质量工程教学改革立项3项，其中校级质量工程重点项目2项、省级质量工程项目1项；完成了"高等数学（上）""线性代数"和"概率论与数理统计"的在线微课程建设，获得校级教学成果三等奖。支部教师获"全国高校数学微课大赛"全国一等奖1项、全国二等奖1项、西南赛区特等奖1项，"全国高校数学微课教学设计大赛"西南赛区二等奖1项；1人入选四川省"第十二批"学术和技术带头人后备人选；支部党员教师先后获得"教学新秀奖""现代园丁奖""教学名师"等

荣誉称号。支部书记获得2012~2014年度和2014~2016年度四川师范大学"优秀共产党员"荣誉称号,支部于2016年获得四川师范大学"先进基层党组织"荣誉称号。

(三) 立足工作实际,着力推动支部工作创新

支部以党建和育人工作融合为路径,把教学工作作为推进政治建设的基础阵地,立足本职工作,联系教学工作实际,认真贯彻和落实"党的群众路线"精神,"不忘初心 牢记使命"全心全意服务群众,着力改革创新,开展了一系列"立德树人 培养学生"的工作。

第一,结合支部党员教学实际和专业特色,组建"奔跑吧,高数"党员义务辅导服务队,自2013年起,连续8年每周四下午在学校成龙和狮子山两个校区针对少数民族学生和学习有困难学生开设义务辅导班,辅导他们的学习,疏导他们的心理。"奔跑吧,高数"少数民族学生学习帮扶计划活动每个学期学生参与约500人次,8年来受益学生达8000人次。

2015年、2017年、2019年先后三次获批学校"创新组织活动"的重点项目的立项支持。该项目针对少数民族学生学习基础薄弱、思想心理状态不平稳等情况,通过老师的帮助和心理疏导,提升少数民族大学生的综合素质。为更好的实施少数民族帮扶计划,支部成立了"高数—创优教育"团队,每周安排2~4位党员老师在星期四下午进行补差工作,时间2~3小时。帮扶课程将每周所学章节知识按照专题形式给学生梳理和整理,帮助他们解答疑问。课程结束后全体党员教师还会聚在一起,汇总和讨论学生们的情况,以便于下一次课程更有效。为了更好地与学生交流,及时掌握学生动态,支部建立了"奔跑吧,高数"QQ群,应少数民族学生的要求,还单独建立了少数民族学生的小班群。每次辅导,同学们的参与热情非常高,教室里座无虚席,甚至有同学站着听课。少数民族帮扶计划有效解决了同学们在学习高数时遇到的困难和疑惑,另一方面通过与老师有效的沟通,也帮助学生解决了在生活中遇到的一些困难,疏导他们的心理情绪,从而在人生观、价值观等方面对他们进行正确的引导。教学辅导与人文关怀双管齐下,拉近了少数民族的师生感情,实现我校学生综合素质的全面提升。

第二,近年来选择继续学习深造的本科毕业生越来越多,数学作为考研的主要学科,为帮助我校学生提高考研上线率,支部党员再次出手,主动承担了"考研数学"的培训工作,老师们利用暑期休息的时间开展课程培训,2017年该项目获得校党委创新组织生活重点立项。"奔跑吧,高

数"考研数学辅导计划活动每年参与约 200 人次，3 年来受益学生达 600 人次。

第三，为提升我校学生的综合素质和动手能力，支部成员努力做学生健康成长的指导者和引路人，积极开展学生的课外指导工作，主动承担了"全国大学生数学竞赛""全国大学生市场调查大赛""大学生创新创业比赛"以及"学术能力提升"的义务培训工作，老师们利用暑假和周末时间为集体作出了力所能及的贡献。该系列辅导活动每年参与人数约 700 人，成果丰硕。支部党员教师指导本科学生发表学术论文 1 篇；指导本科生参加"大创"比赛并获奖 1 项；指导学生参加"建模"竞赛获奖 1 项；指导学生参加"大学生数学竞赛"，获得四川赛区一等奖 2 名、二等奖 10 名、三等奖 19 名；2020 年指导学生参加"全国大学生市场调查大赛"获得 3 项"全国一等奖"、5 项"全国三等奖"、6 项"四川省一二三等奖"。

第四，积极推进党建外联工作，以"引进来，走出去"的思想开展党务共建工作，2019 年与绵阳市福临医院党支部成立了"党支部双向共建"项目，派出支部教师"走出去"为医务工作者科普科学意识，邀请医院相关科室的医生来学校为老师和学生开展医疗常识系列讲座；与四川省现场统计学会开展了共建工作，邀请统计学会的专家到学校为学生讲解了大学生市场调查大赛的相关知识；还跟成都市妇女儿童中心开展了共建，2020 年为了减少新冠疫情对中高考学生的影响，联手天府数学杂志社、成都市妇女儿童中心等多家单位推出了中考数学免费专题复习直播课程 18 次，2021 年"中高考数学公益课"活动正在进行中，为中考学生送课 35 次，合计 70 个课时。

八年来，支部在习近平新时代中国特色社会主义思想的引领下，不断地学习、思考、创新，不断提升党建工作的整体水平，更好地为教育事业提供强大的精神保障和发展动力。

三、深入思考

随着知识、技术、思想的更新，党建工作也应该与时俱进。应该从什么角度入手开拓思想，如何开展理论知识的学习，让理论学习既有高度又能够深入人心？如何将加强业务能力学习与党建工作结合起来？面对新时期、新社会的不同需求，如何才能做到全心全意地为人民服务？支部全体成员将积极思考，深入研讨，将与时俱进的观念融入务实的党建工作中去，继续发扬优点，克服不足，以饱满的精神团结协作，不断进取，迎接新机遇、新挑战。

后　　记

《高校教师党支部党建创新案例精选（第二辑）》收录的案例来自全国近 40 所高校一线基层党组织和教师党员群众的生动实践，充分体现了高校党组织"对标争先"建设计划和教师党支部书记"双带头人"培育工程的鲜活实践。

老子说："政善治、事善能、动善时。"我们期望并相信，经过组织者、编写者和出版者的共同努力，"基层党建案例"系列丛书一定能助力高校同行之间的交流借鉴、切实提升高校党建水平。

本书由全国党员教育培训示范基地（华中师范大学）策划并组织编写，华中师范大学出版社的易仲芳、胡小忠、张华等同志为本书的出版付出了辛勤的汗水。在此，我们向上述单位和个人致以最诚挚的谢意！限于水平和学识，书中可能会有不当之处，恳请读者批评指正。